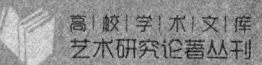

学前教育声乐基础
理论与教学实践

周琼 著

图书在版编目(CIP)数据

学前教育声乐基础理论与教学实践 / 周琼著. —北京：中国书籍出版社，2016.8
ISBN 978-7-5068-5820-5

Ⅰ. ①学… Ⅱ. ①周… Ⅲ. ①声乐艺术－教学研究－学前教育 Ⅳ. ①G613.5

中国版本图书馆 CIP 数据核字(2016)第 219151 号

学前教育声乐基础理论与教学实践

周　琼　著

丛书策划	谭　鹏　武　斌
责任编辑	牛　超　徐国威
责任印制	孙马飞　马　芝
封面设计	崔　蕾
出版发行	中国书籍出版社
地　　址	北京市丰台区三路居路 97 号(邮编:100073)
电　　话	(010)52257143(总编室)　(010)52257140(发行部)
电子邮箱	chinabp@vip.sina.com
经　　销	全国新华书店
印　　刷	三河市铭浩彩色印装有限公司
开　　本	710 毫米×1000 毫米　1/16
印　　张	17.25
字　　数	224 千字
版　　次	2018 年 5 月第 1 版　2018 年 5 月第 1 次印刷
书　　号	ISBN 978-7-5068-5820-5
定　　价	56.00 元

版权所有　翻印必究

前 言

在中国的国民教育体系中,学前教育是一个重要的组成部分,它是一个人教育生涯的开端。而对幼儿教育来说,教师的教育教学实践活动担负着重要的职责,扮演着重要的教学角色,在教育体系中具有职业性与专业性、基础性与全民性的重要地位。

学前儿童教育在中国的发展历史不算太久,如果要从1903年湖北幼稚园附设女子速成保育科开始算起的话,距今也不过百年历史。所以,自那时起到现在,中国的学前幼儿教育历经了从无到有、从抄袭到创新的整个过程。1949年,新中国成立之后,幼儿教师队伍的教育规模和教育质量、数量等方面都有了极大的发展。这是中国幼儿教师发展的重要时期,也是中国幼儿教育的快速发展时期。

紧随时代潮流,中国的幼儿教育在新时期也得到进一步的发展,并逐渐走向黄金时期。1999年3月,教育部印发了《关于师范院校布局结构调整的几点意见》,指导意见强调幼儿教师教育的主体由中等教育向高层次、综合性的高等教育转变。正是在这一背景下,中国市场迅速兴起一股学前儿童教育的高潮。

当前,中国学前教育事业的发展一片光明,广大家长对幼儿的教育重视程度也日益增加,这就促使师范专业的老师从各个角度审视中国的学前教育发展现状。也正是在这一基础上,中国的学前教育市场上不断涌现出新的理论著作。基于这点,笔者综合市场需求,创新理论研究成果,撰写了《学前教育声乐基础理论与教学实践》,希望以此来充实学前教育理论。

本书总共分为六章内容,第一章是声乐理论基础;第二章是声乐演唱基础;第三章是幼儿声乐的教学方法;第四章是幼儿歌曲的弹唱方法;第五章是幼儿歌曲的活动设计方法;第六章是教学参考曲目精选。

综观本书,具有如下要点:第一,结构合理。本书在结构上采用总－分－总的布局,对学前儿童音乐的多个方面加以论述。第二,内容详细。通过论述儿童的生理特征和学习特点,结合儿童的音乐学习规律,深入浅出地对本书的内容作了论述。第三,逻辑性强。本书在论述中国的儿童学习音乐的基础上,还不忘有针对性地论述外国儿童声乐作品。

本书在撰写时得到很多专家学者的支持,同时也借鉴了一些相关的理论成果,在这里一并表示感谢。书中所引用的文献有部分未能注明出处的,敬请谅解。由于本人水平有限、时间仓促,因此在撰写时难免会出现不妥之处,希望专家及广大读者给予批评指正。

作 者
2017 年 2 月

目 录

第一章　声乐理论基础 …………………………………………… 1
第一节　声乐的体裁 ……………………………………………… 1
第二节　声乐的演唱形式 ………………………………………… 16
第三节　歌唱嗓音的卫生与保健 ………………………………… 22
第四节　正确的歌唱姿势与心理准备 …………………………… 31

第二章　声乐演唱基础 …………………………………………… 38
第一节　歌唱的呼吸器官与训练 ………………………………… 38
第二节　歌唱的发声器官与训练 ………………………………… 53
第三节　歌唱的共鸣器官与训练 ………………………………… 64
第四节　歌唱的语言器官与训练 ………………………………… 74

第三章　幼儿声乐的教学方法 …………………………………… 93
第一节　幼儿歌唱的基本状态 …………………………………… 93
第二节　幼儿歌唱的能力特征 …………………………………… 95
第三节　幼儿歌唱发声练习 ……………………………………… 105
第四节　幼儿歌曲的学习与教学 ………………………………… 109
第五节　儿歌教学需注意的问题 ………………………………… 119

第四章　幼儿歌曲的弹唱方法 …………………………………… 122
第一节　大小调儿童歌曲弹唱 …………………………………… 122
第二节　有旋律儿童歌曲弹唱 …………………………………… 159
第三节　无旋律儿童歌曲弹唱 …………………………………… 164
第四节　儿歌弹唱前奏、间奏、尾奏的处理 …………………… 171

第五章 幼儿歌曲的活动设计方法 ·············· 186
第一节 幼儿歌唱活动设计的目标 ·············· 186
第二节 幼儿歌唱活动设设计的要领 ·············· 191
第三节 歌唱活动设计范例 ·············· 200

第六章 教学参考曲目精选 ·············· 222
第一节 中国声乐作品 ·············· 222
第二节 外国声乐作品 ·············· 236
第三节 中外儿童声乐作品 ·············· 243

参考文献 ·············· 266

第一章　声乐理论基础

声乐艺术经过长期的发展,已成为一门独立的艺术门类。学习者在最初接触这门艺术时,需要了解声乐理论基础,如声乐的体裁、演唱形式、歌唱嗓音的卫生与保健以及正确的歌唱姿势与心理准备等内容,本章将对此展开论述。

第一节　声乐的体裁

一、歌剧

(一)外国歌剧

歌剧是一种包含了音乐(声乐和器乐)、戏剧(表演)、文学(诗歌)、舞蹈(民间舞蹈和芭蕾)、美术(舞台美术)等方面,以歌唱为主的综合艺术形式。歌剧具有多种艺术门类的优势,在各个方面和整体上都能满足人们的多种审美需求。多种艺术形式的有机结合,使得观众在欣赏歌剧时,其审美和享受是多方面、全方位的,这是身为综合艺术的歌剧比其他任何一种艺术更为有优势的重要原因。

歌剧艺术的兴起,是人文艺术发展史上最重要的里程碑。在几百年的发展历程中,歌剧又演变产生了大歌剧、正歌剧、轻歌剧、音乐剧等多种类型。

大歌剧一般指那些气势恢宏且场面浩大、音乐庄重且乐队庞大、角色众多且无对白的歌剧,其内容多为历史悲剧或史诗性题材。例如威尔第的《茶花女》(La Traviata)和普契尼的《艺术家的生涯》(La Bohème)等。

正歌剧一般指出现在十七、十八世纪以神话即古代英雄传奇故事为题材的意大利歌剧,通常由三幕组成。音乐仅由独唱性的宣叙调和咏叹调连缀而成,很少使用重唱与合唱。

轻歌剧含义比较广泛,如小歌剧、喜歌剧和趣歌剧等,题材多采用轻松愉快或讽刺趣味性较强的内容,歌曲通俗,歌唱轻松而夸张,往往带有较浓的民族风格。例如罗西尼的《塞维利亚的理发师》(Ⅱ Barbiere di Siviglia)等。

音乐剧由喜歌剧及小歌剧演变而成。它起源于19世纪末的英国。音乐剧包含了戏剧、音乐、歌舞的要素,因此,它具有幽默情趣及喜剧色彩。[①]

(二)中国歌剧

中国第一部儿童歌舞剧《麻雀与小孩》是黎锦辉于1920年创作的,在当时产生较大的影响,被看作是中国歌剧创作的开山之作。继《麻雀与小孩》之后,他在八年间先后创作了《葡萄仙子》(1922年)、《月明之夜》(1923年)、《三蝴蝶》(1924年)、《神仙妹妹》(1925年)、《最后的胜利》(1927年)、《小小画家》(1927年)等十二部不同题材、不同表现手法的儿童歌舞剧。

继黎锦晖之后,在上海创作儿童歌舞剧的有中国现代童话创作的拓荒者叶圣陶(叶绍钧)编剧,何笑明(何明斋)作曲的童话歌剧《蜜蜂》(1923)、儿童歌剧《风浪》(1925)。李叔同在浙江两级师范学校期间培养的几个优秀学生这时也开始勃发了创作儿童歌

[①] 最早的一部作品,是英国S·琼斯的《快乐少女》(1893)。音乐喜剧盛行于纽约的百老汇,故又称百老汇音乐剧或美国歌舞剧。其内容偏重于幽默风趣及谈情说爱,音乐轻松愉快。如J.克恩作曲的《戏船》、G.格什温的《波吉与贝丝》、R.罗杰斯的《音乐之声》。

剧的热情,如吴梦非、刘质平和丰子恺创办的上海专科师范学校的师生也创作了大量儿童歌舞剧,如沈醉了的教育小歌剧《面包》《广寒宫》,邱望湘(邱文藻)取材于安徒生童话创作了儿童歌剧《天鹅》(赵景深词,费锡胤编词,1925年由江苏第三师范附小演出,1928年由商务印书馆出版,为五线谱钢琴伴奏本)、《傻田鸡》《恶蜜蜂》等;以写抒情歌曲见长的陈啸空创作了《名利网》,钱君匋创作的《三只熊》《魔笛》等儿童歌舞剧。

我国真正的歌剧从20世纪40年代才开始起步,在借鉴欧洲歌剧与继承民族戏曲的创作思想指导下发展得很快,涌现出了一大批优秀的中国民族歌剧,形成了具有中国特色的一种融音乐、诗歌、舞蹈、歌唱为一体的戏剧形式,如《白毛女》《江姐》《洪湖赤卫队》《原野》《伤逝》等歌剧作品。

二、艺术歌曲

(一)艺术歌曲的分类

1. 外国艺术歌曲

艺术歌曲是作曲家结合文学家、诗人的作品而创作成的歌曲,具有较强的艺术表现力。艺术歌曲的表演通常是由独唱演员与钢琴伴奏相互配合的表现形式,因此,许多作曲家在创作艺术歌曲时会将该歌曲的伴奏编制得较为精密。各国的艺术歌曲的名称不同,如德国称"Lied",俄罗斯称"Romance",法国称"Melodie"等。虽然名称不同,风格也不同,但在类型属性上,均属艺术歌曲范畴,是一种结构更精致、更完美的音乐会独唱歌曲。在欧洲音乐史上,意大利、德国、法国、俄罗斯作曲家创作的艺术歌曲保持有崇高的艺术地位。

(1)德奥艺术歌曲

艺术歌曲作为一种声乐作品的特定体裁,在音乐史的发展进程中,以德奥艺术歌曲为代表的欧洲古典浪漫主义艺术歌曲,在世界范围内广泛传播与发展,人们习惯把18世纪末19世纪初产生的德奥浪漫主义艺术歌曲称为古典艺术歌曲。

在浪漫主义思潮的影响下,兴起了以舒伯特、舒曼、勃拉姆斯和沃尔夫等为代表的浪漫主义作曲家以及以歌德、席勒、缪勒等为代表的浪漫主义诗人,他们创作的音乐与诗篇相结合便诞生了新的艺术表现形式——德奥艺术歌曲。它的主要风格特征是具有鲜明的民族性与浪漫主义情怀,以及高度的艺术性。德国艺术歌曲含蓄、内向、富有诗意,演唱时的声音要求圆润,情绪变化幅度较小,情感细腻,声音线条优美。

德奥艺术歌曲的作品非常丰富,如奥地利作曲家舒伯特的《小夜曲》《魔王》《鳟鱼》《野玫瑰》《流浪者之歌》等;德国作曲家舒曼作曲的《献词》《核桃树》《月夜》,声乐套曲《桃金娘》《诗人之恋》《妇人的爱情和生活》等;德国门德尔松作曲的《乘着歌声的翅膀》《月亮》《威尼斯船歌》《啊!美丽的玫瑰时光》等。随着时间的推移,后来也把一些小型隽永的歌剧选曲如《绿树成荫》(亨德尔曲)、近现代创作歌曲如《美丽的梦中女郎》(福斯特曲)等总称为艺术歌曲,只是在时间上冠以"古典"与"近现代"而已。

德奥艺术歌曲的产生,极大地推动了浪漫主义音乐风格在德国以至欧洲的蓬勃发展。这种声乐体裁不但成就了一批著名的作曲家,同时还培养出了一批专门演唱艺术歌曲的歌唱家,如,费舍尔·迪斯考、赫尔曼·普莱、汉斯·霍特、艾利·阿美玲等。

(2)法国艺术歌曲

法国艺术歌曲源于"尚松",这是14—16世纪以法文的世俗诗歌谱写的复调歌曲的统称,其风格精致、细腻、潇洒、飘逸,代表作曲家有柏辽兹、迪帕克、福列、古诺、德彪西、比才等。

法国艺术歌曲的作品丰富多样,如柏辽兹的《我相信你》《战俘》《田野》《勃列泰尼的青年牧人》等;福列的《奈尔》《梦后》《我们的爱情》《伊斯法昂的玫瑰》《水边》《月光》等;古诺的《小夜曲》《五月的第一天》《来吧！草地已青绿》等；比才的《阿拉伯女主人的诀别》《十四行诗》《六弦琴》《摇篮曲》等；迪帕克的《忧郁之歌》《费迪蕾》《往昔的生活》等；德彪西的《美丽的傍晚》等作品。

(3) 意大利艺术歌曲

意大利艺术歌曲有古典歌曲①和近代民歌与创作歌曲之分。它在旋律进行上很少有戏剧性的跳进，旋律多平缓、优美，在演唱上要求具有控制性的音量、柔美抒情的音色和内敛含蓄的表现。另外，这些作品音域最高不超过 g^2，着重于以优美的中声区为主，宜于表现抒情、柔美的情绪。现在广泛运用于我们歌唱教材中的意大利古典艺术歌曲有《我心里不再感到青春火焰燃烧》(Nel cor più non mi sento)、《阿玛丽莉》(Amarilli)、《多么幸福能赞美你》(Per la Gloria d'adorarvi) 和《我亲爱的》(Caromio ben) 等。

意大利近代民歌与创作歌曲具有优美的旋律，演唱风格热情洋溢，感情表现夸张。这一时期的作曲家主要有托斯蒂、库尔斯蒂、卡普阿等，他们将意大利艺术歌曲推向了一个新的高度，代表作品有卡普阿作曲的《啊，我的太阳》《玛丽亚！玛丽!》，卡尔蒂洛作曲的《负心人》，库尔斯蒂作曲的《重归苏莲托》，以及托斯蒂的《玛莱卡莱》《理想佳人》等。

(4) 俄罗斯艺术歌曲

俄罗斯的艺术歌曲又称为浪漫曲。俄罗斯浪漫曲是在城市生活歌曲的基础上发展起来的，具有强烈的民族性与艺术个性，旋律舒展、抒情，具有鲜明的民族风格。②

---

① 意大利古典艺术歌曲主要是指 17 至 18 世纪之间，意大利作曲家们的优秀作品，它虽然距今已有几百年的历史，但始终是中外歌唱家们喜爱的演唱曲目及人们喜闻乐见的歌唱作品。

② 从 19 世纪开始，俄罗斯相继涌现了阿里亚比耶夫、瓦尔拉莫夫、古里辽夫等"浪漫曲大师"；格林卡及达尔戈梅斯基大大丰富了浪漫曲的题材和表现力；"强力集团"更是赋予了俄罗斯浪漫曲以新的面貌；柴可夫斯基、拉赫玛尼诺夫则使俄罗斯浪漫曲的创作达到高峰。在这过程中，普希金、莱蒙托夫、涅克拉索夫、丘特切夫、托尔斯泰等卓越诗人为俄罗斯浪漫曲提供了大量优秀的诗作。

俄罗斯艺术歌曲的代表作品有格林卡的《血液里燃着爱的火焰》《我记得那美妙的瞬间》《北方的星》《百灵鸟》《云雀》等；柴可夫斯基《遗忘得真快》《在热闹的舞会上》《我们曾坐在一起》《夜》等；阿里亚比耶夫的《夜莺》《假如生活欺骗了你》《冬天的道路》，等等。

2. 中国艺术歌曲

20世纪初，艺术歌曲等艺术形式开始传入我国。而中国的艺术歌曲最早则产生在学堂乐歌时期。这些歌曲大都是当时的音乐家用外国歌曲填词而成，这就意味着它是中西方两种音乐文化融合的成果。例如作曲家青主所作艺术歌曲《大江东去》（宋，苏轼词）、《我住长江头》（宋，李之仪词）等，他的作品是用西方的作曲方式体现着东方诗词的内涵。作曲家黄自的艺术歌曲运用古代著名的诗歌，如《南乡子》（宋，辛弃疾词）、《花非花》（唐，白居易词）等和现代的诗词作为题材，其中《春思曲》《思乡》《玫瑰三愿》就是专供音乐会演唱的歌曲。

(二)艺术歌曲的体裁

1. 小夜曲

小夜曲，是中世纪产生的一种艺术歌曲体裁样式，是流行于欧洲的一种爱情歌曲，多是指游吟歌手在黄昏时分来到心仪姑娘的门外或窗下，用吉他等拨弦乐器作伴奏，向自己钟情的小姐致意时所唱的婉转缠绵的歌曲。其音乐特点主要表现为：旋律悠扬悦耳，朴实流畅，富于歌唱性；节奏多为三拍子或六拍子，带有明显的漫步特征；伴奏往往模仿拨弦乐器的效果。代表曲目有舒伯特《小夜曲》、托塞利《悲叹的小夜曲》、古诺《小夜曲》、勃拉姆斯《小夜曲》等。

2. 船歌

船歌，是最早产生于意大利水城威尼斯的一种艺术歌曲体裁。当地有种风俗习惯,那就是船工们一边划着名叫"贡多拉"的尖头平底小船渡人,一边为船客们歌唱。18世纪以后,在欧洲各国的音乐家笔下,出现了描绘威尼斯风情的歌曲作品式样,并标有《威尼斯船歌》的字样。到了19世纪时已经发展成为一种人们所喜爱的浪漫抒情曲体裁。其音乐特点主要表现为:曲调纯朴流畅、悠闲自由;速度适中,节奏均匀,多为三拍子或六拍子,以表现轻舟荡漾的形态。代表曲目有意大利的《桑塔·露琪亚》等。

3. 摇篮曲

摇篮曲,是艺术歌曲体裁中较为简单的一种。原指母亲哄孩子入睡时所唱的歌曲,但它所表达的情感却往往十分动人、真切。后来逐渐发展成为一种独立的音乐体裁,分为声乐摇篮曲和器乐摇篮曲两种类型。摇篮曲的音乐特点从结构上看,旋律行进平稳而优美,没有跌宕起伏,温柔宁静;歌词单纯亲切,朗朗上口;节奏简单,大多模仿摇篮的摆动;速度适中,易使人入睡。其伴奏多采用小幅摇摆音型,和弦大抵在主、属两级和弦间交替反复。舒伯特《摇篮曲》、勃拉姆斯《摇篮曲》与莫扎特《摇篮曲》可谓传世极品,至今仍为歌唱者所推崇。

4. 悲歌

悲歌,是一种对死者表示悼念的艺术歌曲,也可以认为是对情人唱的挽歌。英国有些著名诗人如斯宾塞、弥尔顿、雪莱等所写的挽歌后来都被谱成了歌曲,如马斯涅的《悲歌》、贝多芬的《在这幽静的坟墓里》等作品均属于这种体裁。悲歌也是一种浪漫主义的表现手法,即用悲歌倾诉自己对生与死的感想,意义更为深刻。

三、民歌

(一)外国民歌

世界各民族的民歌都有着不同的风格、体裁和形式,所以民歌的概念与范畴，以及对民歌概念的理解也不相同。一般认为，民歌是劳动人民表达感情、意志和愿望的一种形式，是劳动人民集体创作而流传的歌曲。有些虽然是由个人创作，但具有典型民间风格，并在民间广为流传的艺术歌曲，也被列为民歌范畴，如意大利作曲家卡普阿创作的《啊，我的太阳》、库尔蒂斯创作的《负心人》等都被称为拿波里民歌。外国民歌丰富多彩，如加拿大的《红河谷》、印度尼西亚的《星星索》、俄罗斯的《伏尔加船夫曲》、意大利的《桑塔·露琪亚》《重归苏莲托》等，均是音乐会上经久不衰的演唱作品，也是声乐教学的经典曲目。

(二)中国民歌

1. 号子

号子又叫"劳动号子"，是产生并应用于劳动中，直接伴着劳动并和劳动节奏密切结合，具有协调与指挥劳动的实际功用的民间歌曲。号子具有一定的艺术表现价值，在坚定、雄浑的号子中，充满了劳动者的自豪、自信感和乐观主义精神。在一些号子的唱词中还表现了劳动人民的生活、爱情及传说故事等内容，表达出劳动人民对生活的态度和对事物好恶、是非、美丑的判断。

号子又可以分为以下几类。

(1)搬运号子

在搬运程序较复杂的劳动中，号子常按不同的劳作形式命名。搬运号子的结构短小，演唱声调高亢，力度感很强，因工种类型不一样，曲调风格也会有所差异，有的搬运号子曲调明快流畅，有的却幽默诙谐。

(2)农事号子

农事号子是指节奏性强的，或协作性强的集体农事劳动中演唱的号子。与搬运号子相比，农事号子音乐节奏和劳动节奏紧密结合，节奏舒展，旋律也较为优美，歌词内容也更丰富多样些。

(3)工程号子

工程号子指在建筑(造房、修路、开河、修田等)、开采(采石、伐木等)工程协作性强的劳动中(打夯、打硪、打桩、撬石等),为统一劳动节奏、减轻劳动疲劳所唱用的号子。较著名的有湖北的《硪歌》,四川的《打夯歌》《大槌哨子》(采石号子)等。

(4)船渔号子

船渔号子,包括放排号子、船工号子等,是伴随水上运输、捕鱼作业及船务活动所唱用的号子。它的界限范围比较复杂,音乐形式也比较丰富、多样。较著名的船渔号子有四川的《川江船夫号子》、湖南的《澧水船工号子》、湖北的《楚帮号子》等。

2. 山歌

山歌是一种产生在劳动和生活当中,劳动人民用以自由抒发情感的民间歌曲。山歌通常在野外演唱,不受劳动的限制,可以根据演唱者的喜好随意掌控。山歌的节奏自由,音调比较悠长,声音高亢、嘹亮,较多使用自由延长音,因而更容易抒发人内心的情感。

山歌可以分为以下几类。

(1)一般山歌

一般山歌主要有信天游、爬山调、花儿、南方山歌。其中,信天游又名"顺天游",是流行在陕北、宁夏、晋西和内蒙古西南部一带的民歌歌种。信天游曲调由上下句乐段多次反复构成,结构关系平衡、清晰,各句唱词字数无严格规定,但较对称。爬山调是流行在内蒙古自治区西部、山西省西北部、陕北的北部榆林地区一带的民歌歌种。爬山调旋法的起伏比信天游更大,旋律音调有时受到蒙古族民歌的影响。代表作品有《走西口》《割莜麦》等。花儿是流行在甘肃、宁夏、青海一带的民歌歌种。花儿的旋律起伏度大,曲折而多层次,音域较宽,常有跳进(但大跳不如爬山调多),节奏宽阔,较自由,唱法为真声与假声相结合唱法和单纯真声唱法两种。代表作品有流传甘肃、青海地区的《上去高山望平川》《一对白鸽》等。南方山歌唱词变化多,音乐形式自由,即兴性强。南方山歌的基本曲调数量较少,在为数不多的几个基本曲调的基础上,以各种变化形式来适应不同的唱词和情绪,因此产生出了许许多多首南方山歌。例如闽西客家山歌《风吹竹叶》和江西的《打支山歌过横排》。

(2) 放牧山歌

汉族民歌中的放牧山歌,是指农业区的放牧者在山野劳动生活中为培游逗趣或呼喝牲畜所唱的山歌。这类山歌形象单纯,情趣愉悦、天真,比一般山歌少装饰与变化,更接近自然形态。曲调风格大多属谣唱型,节奏比较匀称、密集,旋法曲折,起伏度较小。但常常个性鲜明独特,不拘于固定的格式。歌中常常有呼喝性的衬词。放牧山歌依据流传地域与演唱者的年龄层次可分为两类:一类是牧童山歌,另一类是成年人唱的牧歌。牧童山歌主要流传在南方的汉族地区,由放牧儿童传唱,有牧童独自消遣、诉说的。牧童山歌除了呼牛调较自由、舒展外,大多接近于儿童说话的语调,节奏较紧凑、旋律较简单,歌中常会出现声调较夸张的跳进,天真调皮、童趣盎然。例如:浙江金华的《牵牛歌》、湖北英山的《放牛伢儿受苦端》、浙江的《对鸟》等。成年人唱的牧歌主要流传在少数民族地区,并因地理环境不同而各具民族特色。比如:西北草原地区蒙古族的"长调"以悠长的旋律、宽广的气势、深沉的内涵著称;新疆哈萨克族的牧歌,比较强调曲调与歌词音韵的结合,仅在乐句的句尾有舒展的拖腔;东北大兴安岭的鄂温克族以放牧驯鹿为生,他们唱的牧歌散发着严酷气候磨练的刚毅和豪爽;而西南地区的《放羊调》《放猪调》《放马山歌》多在山谷里演唱,时而对山长啸,时而与猪羊私语,诙谐风趣,生活气息非常浓郁。

3. 小调

小调又叫小曲、小令、俚曲、时调等,是广泛流行于城镇、农村的各种日常生活的民歌体裁。小调情感表现细腻、表现手法丰富多样。它长于叙事和抒情,音域不宽、曲调流畅、旋律性强、优美动听,形式规整匀称、结构短小,多为一个曲调几段歌词的分节歌,易唱易记。无论是农村的男女老少,还是城镇的市民、手工业者、商人和知识分子都能吟唱小调。

小调可以分为以下几类。

(1)吟唱调

吟唱调是出于日常生活的实际需要而哼唱的、实用性较强的民间小调,其音乐特点是:旋律接近自然语言形态,多以朗诵性为主,拖腔、对腔少,结构比较简单,完整性、独立性较差。

吟唱调又包括儿歌与摇儿歌。其中,儿歌是儿童在游戏、生活中唱的歌调。乐汇较单一,结构不很严谨,手法不多,但形象活泼生动。例如儿歌《小兔乖乖》教孩子们爱憎分明,分清善恶,提高对于恶势力的警惕性和向恶势力进行斗争的勇气。摇儿歌是大人摇哄孩子入睡时所唱的小调。它的唱词内容简单,结构较松散,形式自由,常用拖腔,曲调显得宁静而和缓。

(2)谣调

谣调又叫谣曲,是人们在日常生活中经常哼唱的小调民歌。它没有吟唱调那样强的实用性功用,但与人们的日常生活结合得十分紧密。

谣调包括诉苦歌、情歌、生活歌曲。其中,诉苦歌是传统谣调中最常见的题材之一,几乎遍布全国。在过去,生活在社会底层的劳动人民,有着各种各样的艰难困苦和生活磨难,诉苦歌成了他们诉说苦情、发泄愤懑的一种重要方式。例如《苦麻菜》(谱略)是一首童养媳诉苦歌,苦麻菜是一种味道苦但可以吃的野菜,歌中以此来象征一个女孩子不幸的遭遇。曲调缓慢、忧伤,情绪低沉,节拍以三拍子为主,中间插入四拍子,两句一段。情歌是谣调中的重要题材,其数量很多。与其他体裁不同而内容相同的民歌的区别是,谣调中的情歌大多表现得比较细致,情绪较委婉,曲调都很秀丽。代表作品有江苏苏州的《紫竹调》,其曲调轻盈柔美,具有典型的江南小调风格。生活歌曲是反映日常生活风土人情的小调,这些曲调大多清新、乐观、生动而充满活力。它虽然没有触及深刻的社会矛盾,却反映了人民生活中的某一个方面,展现了美好的感情。例如山西祁太秧歌调《看秧歌》,唱的是一对姐妹相伴去看秧歌时的喜悦心情。曲调的情绪热烈、红火,旋律繁复而花哨,歌词紧凑而多用叠字,把气氛烘托得热热闹闹、喜气洋洋。

(3)时调

时调是指在人们休息、娱乐时唱的民歌小调,其历史非常悠久,流传范围广泛。时调的曲式结构规整严谨、功能清晰、逻辑性强;旋律的音调和节奏变化形态较丰富;润腔、衬词衬腔和变化手法也很丰富,表现力较强。时调的音乐大部分来自谣曲,小部分来自山歌或其他体裁。因此,人们除了在日常休息、娱乐时演唱外,还常由职业或半职业的民间艺人在城镇市集等场合演唱。

时调又包括孟姜女调、鲜花调、绣荷包调。其中,"孟姜女调"又称"春调""梳妆台"等。"孟姜女调"的最初形成和演变情况已难以考查,北自黑龙江、内蒙古、南至广东、云南,都有它的踪迹。从目前曲调来看,它与江浙一带的"小山歌""春调"等曲调有着密切的渊源关系。"鲜花调"又称"茉莉花调",其变化较多。江苏《茉莉花》是它的基本形态。"鲜花调"所配唱的歌词,大部分都是叙述《西厢记》中张生与崔莺莺自由恋爱的故事,也有的地方只传唱类似前江苏《茉莉花》中的歌词,不唱张生的故事,使其表现较含蓄。"绣荷包调"指流传于西北、华北地区的一首基本曲调。山西的《绣荷包》是该曲调的典型传统曲目。陕北的《绣荷包》、内蒙古的《走西口》、河北的《半斤莜面推窝窝》等都是它的变体。陇东的《军民大生产》的曲调轮廓也与之很相像。

四、清唱剧

清唱剧是一种大型的声乐套曲,是一种介乎歌剧和康塔塔之间的多乐章大型声乐套曲,以独唱、重唱、合唱和管弦乐队为表现形式,有较鲜明的戏剧结构和情节,更富于史诗性和戏剧性。与歌剧不同的是它没有舞台布景,也没有服装和表演动作。有时清唱剧也被翻译成"神剧",从它的发展渊源来看,也许神剧这个名字更为贴切,因为早期的清唱剧主要是讲述圣经中各种圣灵的经历和事迹,或关于神的种种故事。①

在德国,H.许茨发展出一种特殊的德国式清唱剧——受难乐,受难乐内容上根据《新约》福音书中所叙述的耶稣受难事迹谱写,它实际是清唱剧这种体裁在德国的一种变体,在J.S.巴赫那里发展到顶峰。巴赫以清唱剧命名的作品很少,他写有一组六首从圣诞到主显节的宗教作品,自己命名为《圣诞清唱剧》,而他的《马太受难乐》《约翰受难乐》才是在这类体裁中最为著名。巴洛克之后,清唱剧一直流传下来。②

五、康塔塔

康塔塔是在17世纪前后与歌剧、清唱剧同时出现的音乐体裁,这个概念在不同的时间、不同的地区差别很大。今天一般所说的康塔塔,在表现形式上与清唱剧很接近,由独唱、合唱和乐队这样一些要素构成,也有一些叙事特点,只不过相比清唱剧它的篇幅较小、戏剧性较弱,一般没有清唱剧那样重大和深刻的内涵。

"Cantata"一词源于意大利语的"cantare",最早的含义是"歌唱",即与器乐"sonatare"相对应的一种声乐体裁。康塔塔起源于

---

① 清唱剧的内容虽然是宗教题材,但其中却夹带着一些新思想。如果说歌剧是一种受人文主义影响产生出来的世俗音乐体裁,清唱剧则可以认为是在同一大的思潮背景下,在宗教音乐内部分化出来的一种新的音乐形式。清唱剧虽然产生在意大利,但18世纪以后德国人在这一领域的成就却最为耀眼。最为重要的是当时身居英国的亨德尔对清唱剧的贡献。亨德尔写了19部清唱剧,著名的有《弥赛亚》《以色列人在埃及》《参孙》,清唱剧在他手中发展到高峰。

② 古典时期海顿写有《创世纪》《四季》;浪漫时期门德尔松写有《以利亚》《圣保罗》,柏辽兹写有《基督的童年》;20世纪斯特拉文斯基的《俄狄普斯王》、奥涅格的《火刑堆上的贞德》等都是清唱剧的名作。

意大利,17世纪初意大利康塔塔多是女高音独唱加通奏低音伴奏样式,它脱胎于文艺复兴时期的独唱牧歌及17世纪初分节形式的单声歌曲,常常由若干短小对比段落组成。17世纪下半叶,意大利康塔塔开始表现出一些固定的形态特征,这就是由通奏低音伴奏(有时也加入其他乐器),宣叙调和咏叹调(通常各2~3首)交替出现的"独唱康塔塔"或"室内康塔塔"(偶尔也出现多声部歌唱形式)。独唱康塔塔一般是世俗内容,采用戏剧性的叙事体,爱情故事居多,适用于较小的表演范围,像是小型歌剧。17世纪末18世纪初意大利康塔塔的重要作者是A.斯卡拉蒂,他写有600多首独唱康塔塔,典型的程式仍然是对比性的,即宣叙调—返始咏叹调—宣叙调—返始咏叹调。

为康塔塔这一体裁带来变化,并直接影响到今天真正意义上的康塔塔是德国音乐家的贡献。德国的康塔塔主要是教堂康塔塔,它体现出路德教派音乐的特点,与意大利康塔塔完全不同,但受到了意大利的影响。德国音乐家对康塔塔的贡献在于:首先,他们把康塔塔这种世俗的意大利体裁带入教堂;其次,在康塔塔中运用合唱和管弦乐队。德国康塔塔的大师是伟大的巴赫,他共写有200多首教堂康塔塔和一些世俗康塔塔。教堂康塔塔常由合唱开始,中间是数段独唱,最后又由合唱结束。

巴赫以后,康塔塔这种体裁无论在意大利还是在德国都走向衰落,古典浪漫时期的许多作曲家仍写康塔塔,但名作不多。到20世纪康塔塔创作又有所恢复,20世纪的作曲家似乎对康塔塔情有独钟,许多重要的康塔塔出自这一时期,重要的有:普罗科菲耶夫的《亚历山大涅夫斯基》、巴托克的《世俗康塔塔》、斯特拉文斯基的《康塔塔》等。但是这一时期的康塔塔题材范围非常广,形式上也不明确,因此这个概念的外延模糊了:它们往往同清唱剧难分你我,有时又仿佛成为大型声乐组曲的同义词。

六、弥撒曲

弥撒曲是从宗教礼拜的弥撒活动中演化而来。弥撒是天主教会最重要的礼拜仪式,因仪式结束时的一句话"礼毕,请散去"(Ite missaest)而得名。据《圣经》记载,耶稣在被钉上十字架前与他的门徒举行了最后的晚餐,众门徒分食了象征耶稣身体与鲜血的面饼和葡萄酒,以表示与耶稣的道别。以后,这个活动就作为天主教的一个重要祭奠仪式延续下去,它在各种宗教节日以及各类宗教祭奠活动中出现。

完整的弥撒礼仪是一整套庞大而复杂的规程,根据歌词特点,它包含"特殊"和"常规"两种类型,歌词在不同时间场合下发生变化的称为特殊弥撒,而歌词不变的类型称为常规弥撒。

七、组歌

19世纪伊始,组歌已经成为欧洲浪漫主义音乐和文学结合的重要声乐体裁。它融声乐套曲、交响乐曲、大合唱、独唱、重唱、诗朗诵等为一体,用以表现某一重大的历史或现实主题,一般分为多个乐章,并且各章都有独立的意义。其特点主要表现为:标题是统一的,内容由多章节相对独立的声乐作品组合而成,各章节表现共同的题材内容,有一段完整的故事。套曲中的各首歌曲可独立成曲,之间的内容互有联系,但彼此的表演形式往往有些不同。在音乐方面既统一又有变化,共同组成了一个和谐的整体。组歌一般分为两种类型:一种是由一系列独唱歌曲组成,如舒伯特的《冬之旅》,就是由24首男声独唱曲组成;另一种是由独唱、重唱、对唱、合唱等不同演唱形式的歌曲组成,如《黄河大合唱》《长征》等。

组歌这种大型声乐体裁主题鲜明、内容丰富、形式新颖、风格独特,深受我国人民的喜爱。由光未然作词,冼海星作曲的《黄河大合唱》是一部史诗性大型声乐套曲,共分八个乐章。作品表现了中国人民在抗日战争年代所遭受的苦难和与侵略者的顽强斗争,展示了我们民族的伟大精神和不可战胜的力量。作品气势宏伟磅礴,音调清新、朴实、优美,具有鲜明的民族风格,强烈地反映了时代精神。由晨耕、生茂、唐诃、遇秋根据肖华的组诗谱曲的大型声乐组歌《长征》(又名《红军不怕远征难》)也是杰出的代表作之一,整部组歌由《告别》《突破封锁线》《遵义会议》《四渡赤水》《飞越大渡河》《过雪山草地》《到吴起镇》《祝捷》《报喜》《大会师》十乐章组成。

八、声乐协奏曲

声乐协奏曲是用人声取代乐器,用无词的独唱取代器乐独奏,由大型交响乐队协奏的一种声乐体裁。作曲家格里埃尔在1942年为花腔女高音与交响乐队所作的《声乐协奏曲》,首开了这一音乐体裁的先河。它不仅开拓了器乐协奏曲的表现领域,同时也拓宽了声乐艺术的表现领域,使人声和乐队有机结合,更为重要的是使花腔女高音的演唱技巧得以充分发挥。在这首作品中,作曲家揭示了苏联人民内在的精神美和他们在艰难困苦的战争岁月里所表现出的乐观和自信。整部音乐作品由相互形成对比的两个乐章组成。

第二节 声乐的演唱形式

一、独唱

独唱是单独一个人用歌声去塑造艺术形象,完成对音乐作品的二度创作的声乐表演形式。

(一)歌剧中的独唱

1. 咏叹调

咏叹调是歌剧中的独唱段落,主要用于抒发人物情感、表现演唱技巧,是歌剧中最为重要的歌唱形式。

咏叹调具有鲜明的歌唱性和动人的旋律线条,从戏剧功能上,咏叹调还可细分为抒情性、叙事性和冲突性三类,见表1-1。

表1-1 咏叹调类别及其功能

咏叹调的类别	功能
抒情性咏叹调	它在歌剧中担负抒发人物情感、展示人物内心世界的戏剧使命。它往往通过极具歌唱性的旋律去展现人物心灵,刻画人物性格,推进戏剧冲突
叙事性咏叹调	叙述戏剧故事,成为歌剧情节构成的链条和戏剧冲突发展中的一个环节; 介绍人物经历,刻画人物性格,成为人物性格发展和形象塑造的一种标识; 丰富音乐色彩,维护场面的完整性和结构的逻辑性
冲突性咏叹调[①]	展现人物情感冲突和心理动作过程; 通过上述途径来刻画人物性格; 形成音乐戏剧高潮; 成为全剧戏剧冲突的有机一环和情节展开的重要阶段

演唱咏叹调时,要求演员投入角色,情真意切,善于把握声音气息,极富表情地处理好所唱段落。优秀的咏叹调数不胜数,最具代表性的曲目有外国歌剧《蝴蝶夫人》唱段《晴朗的一天》、中国歌剧《洪湖赤卫队》唱段《看天下劳苦人民都解放》等。

2. 宣叙调

宣叙调又称朗诵调,是歌剧、清唱剧中的一种独唱体裁。宣叙调的旋律很像口语或朗诵的语调,它节奏自由,没有规整的乐句、乐段等。在歌剧等声乐作品中,宣叙调常出现在咏叹调之前,

---

[①] 冲突性咏叹调,是运用咏叹调的形式展现冲突,揭示戏剧矛盾,推进情节发展。冲突性咏叹调的作用是揭示人物的情感冲突、理智冲突及复杂的心理活动,它常处在音乐戏剧高潮的位置。

与后者形成对比,并使后者显得更加美妙悦耳。

宣叙调的特点是朗诵式、说话式的,是对人类语言的自然音调作音乐化处理——艺术化延伸或适度夸张,通过对语音、语速、语势的描摹,揭示其语义、语境及其情绪色彩。宣叙调分为叙事性与冲突性两类,它们的特点及功能见表1-2。

表1-2 宣叙调类别的特点及功能

宣叙调类别	特点	功能
叙事性宣叙调	吟诵性——它的音调与人的语言音调结合紧密,接近人的自然语言;它比自然语言夸张,更加艺术化。 叙述性——通过宣叙调交代情节、介绍事件、叙述事实。 情感状态的平静性——它常处在冲突尚未展开前的阶段,人物的情感比较平和、宁静;或冲突后人物情绪的缓和、冷静阶段	对冲突的展开过程起铺垫作用; 对情节的铺陈起补缀、填充、连接作用; 对人物和人物关系作必要的交代
冲突性宣叙调	情感状态——往往是激烈不安的,有强烈对比和色彩反差。 音响结构——它的所有音乐因素,诸如高度、速度、力度、长度、浓度、紧张度等的并置、突发性转换及由此形成的对比和落差,均十分鲜明。 结构——伴随人物之间矛盾冲突的激化,它的结构单元也随之微型化,唇枪舌战、短兵相接,常以你一言、我一语的短促形式出现,这种结构上的伸缩性,使它更便于展现冲突	用宣叙调来展现冲突,并通过冲突刻画人物性格;通过对冲突的表现推进情节发展,形成戏剧高潮

旋律性较强的宣叙调如歌剧《茶花女》第一幕中第一音乐分场"茶花女家的宴会",第一幕第四音乐分场"圆舞曲与二重唱",以及第二幕第十四音乐分场赌博的场面等均是此种写法。中国歌剧宣叙调如歌剧《白毛女》唱段《我不死,我要活》。

3. 咏叙调

咏叙调的意大利文为"arioso",原意为"似咏叹调"。17 世纪初系指一种插在较长宣叙调中部或尾部的抒情性的歌词。18 世纪后期的一些作品中,它又意味着一种"对话式的咏叹调"。

咏叙调的主要特征有:①是带有伴奏的、较为抒情性的歌调;②具有鲜明的节奏和富于表情的旋律;③是介于咏叹调和宣叙调之间的一种歌唱音调,常见于喜歌剧中;④是一种更富旋律性的宣叙调;⑤是咏叹调开始或结尾处较短而富于旋律性的段落;⑥是歌剧中的短歌;⑦如果用在器乐方面,则是指如歌的段落。

咏叙调与小咏叹调相似,唯一的不同之处在于,咏叙调中有一些宣叙性部分。但在 19 世纪中叶以后的歌剧中,咏叙调与小咏叹调中也常有宣叙性的成分,实很难区分。

我国歌剧具有咏叙调特点的唱段有歌剧《洪湖赤卫队》中的《洪湖水,浪打浪》和《手拿碟儿敲起来》,歌剧《江姐》中的《绣红旗》。

(二)艺术歌曲中的独唱

艺术歌曲中的独唱在声乐艺术中属于高层次表现形式,是声乐艺术形态中具有鲜明审美特征和功能的表演形式。独唱者直接运用"声"和"情"对音乐作品进行艺术的再创造,可谓是音乐作品的解释者和表现者,这就要求演唱者有较高的艺术素养和较好的歌唱技巧。

艺术歌曲中的独唱能较好地体现演唱者的演唱水平,如《乘着歌声的翅膀》(Auf Flügeln des Gesanges)、《重归苏莲托》(Come Back To Sorrento)、《鳟鱼》(Die Forelle)、《蓝色爱情海》《在银色月光下》《那就是我》《我像雪花天上来》等。

二、合唱

合唱是一种具有高低各声部的集体歌唱形式。在各种艺术合唱中,又数无伴奏合唱(A Cappella)最为精美。它起源于16世纪欧洲的教堂音乐,几个世纪以来,这种歌唱形式通过人们不断地运用而发展,在内容上早已超出了宗教音乐的范畴,被用来表现更为广泛的生活与思想感情。著名的无伴奏合唱曲有索可洛夫根据舒曼的原曲改编的《梦幻曲》、柴可夫斯基的歌剧《黑桃皇后》(The Queen of Spades)中的《终幕合唱曲》、我国作曲家赵元任根据徐志摩的诗谱曲的《海韵》和蔡余文根据青海民歌改编的合唱曲《半个月亮爬上来》等。

合唱通常可分为二部合唱、三部合唱和四部合唱。根据人声的性质,又可分为同声合唱和混声合唱,由男女声混合组成的合唱便是混声合唱。合唱通常由乐队或钢琴伴奏,没有乐器伴奏的合唱被称为无伴奏合唱。合唱的种类很多,这里仅对女声合唱、男声合唱、混声合唱以及无伴奏合唱加以简单介绍。

(1)女声合唱。女声合唱指两个或两个声部以上的女声合唱。以乐队、钢琴或手风琴伴奏,如格林卡的歌剧《伊凡·苏萨宁》(Иван Сусанин)第一幕里,安冬尼达出嫁前的女声合唱。

(2)男声合唱。男声合唱指两个或两个声部以上的男声合唱。以乐队、钢琴或手风琴伴奏,如普契尼的歌剧《蝴蝶夫人》(Madama Butterfly)第二幕结尾的"海港之歌",就是很好的男声合唱。黄自的清唱剧《长恨歌》中的"渔阳鼙鼓动地来",也是男声合唱的优秀作品。

(3)混声合唱。混声合唱指由两个以上的多声部和多声种组成的合唱。像威尔第的歌剧《奥赛罗》第一幕第一场"战胜敌人和风暴"中,壮烈的合唱,场面十分宏大。冼星海的《黄河大合唱》中"怒吼吧,黄河!"和刘炽的《祖国颂》都是十分强烈的感人作品。合唱在艺术中的地位是十分重要的,有时它甚至不亚于独唱和重唱。

(4)无伴奏合唱。没有伴奏,全部由人声来表现的合唱称为"无伴奏合唱"。无伴奏合唱通常为多声部(至少有3个声部),这样才能形成声部间完整的和弦关系,才能构成变化着的和弦进行。各声部之间配合也较其他形式更严谨、更紧密、更细致,以达到完满的音乐效果。它完全由人声来刻画歌曲内容,因此,在表达情感方面有其独特的音乐表现力。人们所熟悉的无伴奏合唱作品中有拉索的《回声》。

三、齐唱

齐唱是单声部的群唱,也就是单声部歌曲的演唱形式之一。它是由两个或两个以上的演唱者,按照同度或八度音程关系同时演唱同一首歌的声乐表演形式。其演唱特点是:歌声雄壮有力、整齐划一。齐唱可以是男声齐唱或女声齐唱,也可以是男女混声齐唱,要求歌声整齐、统一、洪亮。齐唱时,可以用乐器伴奏,也可以不用乐器伴奏。齐唱是群众歌咏活动中的主要表演形式之一。国歌、军歌、厂歌、团歌、校歌及一些富有时代感的群众歌曲往往采用这种演唱形式,以显示力量与整齐。例如《义勇军进行曲》《解放区的天》《大刀进行曲》《打靶归来》等,都适合用齐唱的形式演唱。

四、重唱

重唱,是指两个或两个以上的不同声部的歌唱者,各按自己声部的曲调,重叠着演唱同一乐曲的一种演唱形式。重唱可分为二重唱、三重唱、四重唱等。重唱与对唱在某些方面有着共同之处,但重唱是以多声部(两个声部或两个声部以上)的形式出现的,这是重唱与对唱最大的区别。例如苗族的"飞歌"、毛南族的"罗嗨歌"、畲族的"双条落"等都采用重唱的形式。

五、轮唱

轮唱也是单声部歌曲的演唱形式之一。它是由两组以上的演唱者,相隔一定的时值先后演唱同一旋律声部,从而形成两个或两个以上的声部的一种演唱形式。在亨德尔的清唱剧《弥赛亚》的合唱曲与巴赫的《创意曲》中,都成功地运用了卡农手法。我国作曲家冼星海的著名作品《黄河大合唱》,也出色地运用了这种作曲技法。

六、对唱

对唱是两人或两组人,分别演唱同一首歌曲中相同或不相同的旋律乐段的对答式的演唱形式。对唱的形式较为活泼,与重唱不同,对唱所演唱的是单声部歌曲。根据人声的不同还可分为女生对唱、男生对唱、男女生对唱等,也可以分两组对唱。由光未然作词、冼星海作曲的《黄河大合唱》中的《河边对口唱》"张老三我问你",是很具特色的对唱作品。

第三节 歌唱嗓音的卫生与保健

一、歌唱嗓音保健常识

在发声训练的过程中,常常会由于种种原因而产生嗓音疾病或嗓音问题从而影响歌唱,严重的还会导致歌唱事业的中断,因此我们有必要了解嗓音保健的相关知识。

(一)保持正确的用嗓习惯

正确、科学的发声方法不仅能使歌唱者获得自然、悦耳的嗓音,还能有效地保护发声器官,延长歌唱者的演唱生涯。正确的发声姿态应该是身体立直,不僵硬,面部有愉快而自然的微笑,上齿稍露,有轻松感,且下齿并不露出。

在正确的歌唱中,人的发声器官主要由声带来承担,这两条位于喉头中的坚实的韧带,平常呼吸时呈分开状;发声时,两声带靠拢,并受到气息的作用产生基音(发声时真正起作用的就是这个基音,并且仅仅就是运用咳嗽的力量产生的一个基音而已,切不可为了增大歌唱的音量、增大共鸣效果再追加力量)。声带闭合不完整,气流送到声带后没有产生阻力,则声带不能振动。而声带闭合过紧,也不利于发声。因此,声带应与适量的气流配合运动,这是美好声音的基础。

在正确用嗓的同时,还应避免错误的用嗓习惯。日常生活中错误的用嗓习惯有大声喊叫、狂飙高音、超越自身嗓音声部的练习;长时间的用嗓,不顾自己的嗓音状况盲目模仿;演唱声乐作品贪大求难等。这些不良用嗓习惯是直接导致嗓音疾病出现的主要原因。

(二)掌握科学的训练手段

优质理想的嗓音应该是音域宽广,能高能低;音量能强能弱,驾驭自如;声音流畅自然,共鸣丰富;音色能明能暗,歌声优美动听。但并不是每个演唱者生来就有理想的音质的。因此,需要通过科学的发声训练来获得。科学的声乐训练方法首先应该结合文化科学知识,其步骤安排也应该是合理的,还应该建立客观的声乐审美观念,不要单凭个人喜好盲目模仿别人的声音。同时,也要求练习者用标准的普通话来规范自己的语音。

(三)科学把握嗓音负担量

俗话说:"语多则伤气(器)",这就是说用嗓过度会导致发声器官受到损害。科学地把握嗓音的负担量,可以采取四个方面的措施,如坚持用中等音量练习声音;训练时间不宜过长,给嗓子充分的休息余地,不要让嗓子感到疲劳;在高声区的练习要谨慎有节制;尽量减少纵情大笑和嚎啕痛哭。

科学地把握嗓音负担量还要求在适当的时候休声、禁声。休声、禁声也是嗓音疾病治疗过程中的辅助疗法。休声,指停止歌唱,使嗓音得到某种程度的休息、调整;禁声,则指停止包括歌唱和说话在内的一切嗓音发声活动。休声、禁声需根据嗓音疾病的病变程度、病变性质以及具体治疗的方法手段等因素决定其程度、范围和时间长短。

(四)保持身心健康

要保持良好的身心健康,需要有正确的饮食习惯、充足的睡眠,并进行适当的运动。

1. 正确的饮食习惯

正确的饮食习惯包括四个方面,即饮食要定时定量;饮食不能骤冷骤热;远离辛辣食物;禁烟限酒等。同时还要保证全面营养,多吃富含维生素及蛋白质的食物,多吃一些豆制品以及银耳、芹菜等对嗓子有益的食物。

(1)饮食要定时定量

通常来说,歌唱者最好不要在刚进食后或过分饥饿的情况下进行歌唱。刚进食会使机体处于抑制状态,影响膈肌运动妨碍歌唱呼吸;而过分饥饿则有可能造成体力不足,影响机体活力,降低歌唱效果。经常性地暴饮暴食或长期的半饥饿状态,以及时饱时饥都是不良饮食习惯,往往会造成机体代谢不平衡、降低免疫力,从而导致各种疾病的产生,妨碍歌唱。

(2)饮食不能骤冷骤热

骤冷对咽喉黏膜、肌肉产生不正常的收缩,血管痉挛造成血液循环障碍,特别是静脉回流障碍,可损伤喉黏膜和肌肉,而过热的饮食会使咽喉声带黏膜肿胀,严重者充血以至出血。所以嗓音工作者的饮食要以"温"为度,尤其演唱前后 2 小时左右,不宜饮用冷饮。

(3)远离辛辣食物

过于辛辣的食物会刺激咽喉部黏膜伤及声带,可使口干舌燥,声带充血,甚至出血,不利于嗓子的健康。

(4)禁烟限酒

香烟散发出来的烟雾,含有尼古丁、糠醛、烟焦油、氰酸等20多种带有刺激性的有毒物质。这些物质能使喉部黏膜表面的黏液遭到破坏,使湿润的呼吸道黏膜遭到损害,容易招致外来感染而患炎症性疾病,使喉部出现干痒、疼痛、咳嗽、咳痰等现象。长期刺激可使声带与共鸣腔的黏膜失去光滑、湿润、富有弹性的生理特点,并使声带黏膜的黏液消耗殆尽而发干,呈现充血、水肿、粗糙、肥厚,造成发音低沉、无亮音、声音嘶哑等诸多症状。

而酒精经胃肠进入血液,会有很大一部分再经肺、呼吸道呼出体外。这就使得咽喉、声带、鼻腔受刺激,如果演唱会造成声带损伤。同时它的麻醉作用,也会使大脑皮质功能紊乱,反应迟钝、动作不协调,甚至跑调、忘词、误场。此外,患有声带充血、水肿和急、慢性喉炎歌唱者,喝酒之后,喉咙会产生干痒、嗓音嘶哑加重等现象,不但影响疗效,延误病程,还会影响演出效果。

(5)保证全面营养

全面均衡的营养,首先,需要补充充足的水分[①]。人体百分之七十以上都由水构成,所以我们每天都必须补充足量的水,以提供一天之需。

其次,要多吃富含维生素及蛋白质的食物。蔬菜、水果中含大量维生素,鸡蛋、牛奶含大量蛋白质,应当经常选食,大量食用。

再次,要多吃一些豆制品。在豆制品中,如豆腐,营养价值高,且含豆固醇,常吃可以增加植物蛋白,可以使血液中的胆固醇游离出来,有利于排出体外,降低胆固醇。据中医典籍记载,豆制品可以循喉咙,挟之本,久服有养肾血,益双阴,润咽喉之功,可以补气,对气息不足的虚弱者很有益。

最后,还要多吃一些对嗓子有益的食物,如拌吃银耳、拌吃芹菜、适当饮茶等。喝温茶水可以使体内之火随之下降,自尿排出;

---

① 这里所指的水不包括任何液体饮料,仅指纯粹的水。

热茶可以使神思爽畅,耳聪目明;冷茶则有滞寒、聚疾的坏处;隔夜的茶虽无致癌作用,但其内有益物质已失去作用,故不宜饮用。

2. 充足的睡眠

睡眠是复原机体、调节神经与内分泌的重要环节,没有充足的睡眠就不能保证有强健的体魄。若歌唱者连续演出时,睡眠不足,嗓子就会不在状态,发声不持久、不协调;若再继续演唱,将会产生喉部疾病。因此,歌唱者一定要保证充足的睡眠。

3. 适当的运动

演唱是一门综合性艺术,演唱者要想达到较深的造诣,除了要有天赋的歌喉、丰富的想象力、敏锐的听觉、娴熟的用声技巧之外,还应有一个健壮的体魄。而要拥有一个健壮的体魄,应该进行适当而合理的锻炼。

此外,嗓音保健要定期请嗓音保健医生检查喉部声带,了解发声器官的健康状况,一旦发现病变,便可及时治疗。

4. 居住环境要舒适卫生

为使嗓音优美,除饮食起居外,还要讲究环境卫生。从上呼吸道(指喉部以上)所患疾病来看,它既很普通又很复杂,致病原因也有很多。灰尘刺激是一个重要的外界因素,其中夹杂着多种致病的病菌,它们不但能刺激喉部黏膜引起发炎,还有可能通过粉尘传播其他疾病。学声乐的人对环境的反应比较敏感,因为歌唱时口腔代替了鼻腔的呼吸。呼吸道对外界的粉尘缺少了把门站岗的鼻咽腔的防护,灰尘直接刺激咽喉黏膜而影响到喉部。

除灰尘的侵袭外,还有冷风的刺激。以往的艺人常常站在雪地里迎风歌唱,很多人把嗓子唱倒了,侥幸挺过来的人音质也不再优美。因为人的咽喉部是不堪冷风袭击的,会造成发炎的后果。有些不明道理的人常常在汽车疾驶时迎风高歌,喜欢听由于车身的抖动导致声音与之共震的发颤的声音。却不知由于风速快,强冷空气直接刺激于咽喉不利于咽喉的卫生,易使咽喉发病,使人烦恼。

二、童声期的嗓音保健

童声的嗓音保健对培养声乐人才有着极其重要的意义。这不仅是歌唱上单方面的需要,更是一个健全体格的问题。人生活在社会中,无论工作还是学习,都要与他人交流,而这个交流,则离不开嗓音,歌唱家的嗓子就显得更为重要。想在成年时期有一副健康的好嗓音,就必须在儿童阶段注意嗓音保健。而要保护童声期的嗓音,必须要了解童声的嗓音特点。

(一)童声的嗓音特点

1. 儿童歌唱器官的特征

由于儿童正处于身体成长发育时期,歌唱器官的发育尚未成熟,因此与成人相比,有自己不同的特点。这些特点主要表现在呼吸器官、发声器官、共鸣器官三个方面。

从呼吸器官来看,儿童的肺部体积较小,肺活量也相应较小,气息的储存量很有限,控制能力也很弱。在呼吸过程中横膈膜上下运动的幅度还不可能很大、很有弹性。

从发声器官来看,儿童喉腔的形状与体积都不大,而且男女儿童喉的大小相差无几,喉结也无向前突起的形状,作为振动体的声带相对比成年人既短,又窄,还薄。在发声时声带振动的幅度与频率都受到一定的局限性。

从共鸣器官来看,儿童口、鼻、咽、喉、胸五个共鸣腔体及四对窦的体积都远远不及成年人。

2. 童声的歌唱音色

歌唱器官的不同,决定了儿童的音色也不同于成人。儿童具有音质纯净、明澈、清脆,音色甜美、透亮、圆润,音量单薄、微弱、细小,且头声多、胸声少。

3. 童声的歌唱音域

童声的音域较窄,一般在 d^1 至 e^2 之间。因此,当儿童尚未养成正确的歌唱习惯前,最好不要用成人作品作为练习曲目,更不要要求他们演唱难度较高、音域较宽的声乐作品。童声音域严格控制在十一度音程以内,不同孩子可根据嗓音倾向适当区分高音和低音类型,童声高、低音声部的差异主要是在表现音色方面加以区分,而不是音区上划分。

(二)童声的训练

童声的音色虽然在某些方面不如成人,但与成人音色相比,有自己的优势。因此,在童声训练中,应保持童声自然、纯真的特质,保持童声的音色优势,在控制上要力求纯净、干净,注意音色统一,不强调音色变化和音色对比,要保证孩子用嗓轻松自如,没有多余的生理负担,还孩子以童趣和童贞,不必让儿童模仿成人的声音。训练时,童声应较多使用直声唱法,较少使用波音和泛音唱法。

(三)童声的保健方法

1. 歌曲的选择要适当

由于儿童与成人的歌唱器官存在差异,因此在为儿童选择歌曲时,要依据其特点进行选择。教师在教儿童学唱歌时,也应依据儿童的特点来进行,如应先教歌谣,让孩子掌握和熟悉语言的韵律和节奏,然后再逐步过渡到唱歌。一首合适的歌曲应以孩子唱起来嗓子感到舒服、不费力为前提。童声歌唱应选择适合少年儿童身心特点的色调明快、思想健康、催人奋发向上的儿童歌曲。

2. 切忌大声喊叫

童声的嗓音稚嫩，不宜唱得过高、过低、过弱，时间也不宜过久。但少年儿童在演唱时总是攀比，好胜心理强，他们总想着要唱得比别人高，比别人响，要盖过别人，这样一来，会不自觉地形成歌唱用力太大，造成喊叫的趋势。而大声喊叫，会造成嗓音劳损，是嗓音保护的大敌。因此，在歌唱时，应要求儿童有感情地歌唱，不能喊叫。在生活中也切记不要让儿童大声喊叫，这不仅是音乐教师的责任，也是各科教师和家长共同的责任。

3. 表演动作不宜过大

儿童在进行表演歌唱时，表演动作不宜过大，歌唱的力度也不宜过强，活动的时间更不宜过长。否则，边唱歌边跳舞时，肺呼出气流需要很大冲击力才能吹开双侧声带。这么大的气流，容易使声带边缘受到剧烈的摩擦而造成损伤。

4. 防止感冒

感冒对嗓音影响较大，所以家长一定要注意儿童的衣、食、住、行和卫生，防止感冒。感冒流行季节要戴口罩，感冒时不要用嗓。

三、感冒时的嗓音保健

患感冒的人抗体抗病能力降低，很多功能都比较差，发音的功能也不例外。

感冒时，鼻腔、咽腔和喉腔黏膜充血、肿胀，分泌物（鼻涕、痰液）增多。血管脆性增加，喉内外肌的功能亦减弱，较正常时更容易受损伤。因此，感冒时声带应休息，要使之彻底恢复。否则，若照常练习，不仅唱不出优美悦耳的歌声，而且会损伤声带，影响嗓音。更严重的是一些人会造成永久的创伤。

若以声乐为职业者,感冒时用嗓不注意,会患有各种职业病:如喉肌劳损、声门闭合欠佳、慢性喉炎、声带肥厚、小结、息肉等,以致于嗓音嘶哑,声音暗淡无光,直至失声。

一般来说由于感冒造成的疲劳而使声音嘶哑或失声时,除了禁声、遵医嘱吃一些消炎药、针灸、理疗外,还可以进行"食疗":将松花蛋剥皮,与适量的糖一起放入碗中捣匀,用开水冲服。

以下介绍一些食疗法用以针对感冒时期的嗓音保健。

(1)蜂蜜茶:取茶叶、蜂蜜各适量。将茶叶用小纱布袋装好,置于杯中,用沸水泡茶,凉后加蜂蜜搅匀,用此溶液漱口并咽下。主治:咽干喉痛、精神不振。

(2)胖大海茶:胖大海3枚,冰糖适量。先将胖大海用温水洗净,再与冰糖一起用沸水冲泡15分钟,代茶饮用。主治:肺热声哑、咽喉干痛。

(3)鸡蛋茶:取新鲜鸡蛋1只,磕到饭碗里打成鸡蛋液,将煮沸的开水浇到蛋液中,把鸡蛋冲成蛋花,加少许白糖和麻油趁热一起服用。主治:咽喉肿痛、嗓音暗哑。

(4)雪梨汤:雪梨1~2个,削皮挖心,加冰糖30克炖服。主治:干咳口渴、声嘶失声。

(5)荸荠汤:荸荠适量,洗净外皮加水煮10分钟捞起,喝汤并将荸荠削皮吃,一日数次。主治:风热鼻塞、低烧口干。

(6)核桃:取核桃10枚去硬壳,不去衣,分早晚两次服。主治:咳嗽、咽喉肿痛等疾病。

(7)白萝卜炖青果:白萝卜250克,青果5个。将白萝卜洗净,切片,青果打碎,加水适量同煮。用时只吃萝卜、饮汤汁,并嚼食青果,缓缓咽下。主治:慢性咽炎。

(8)醋煮鸡蛋:醋250克,煮沸后打入鸡蛋1枚,煮熟后连蛋带醋一起食用。主治:急性声带发炎、声音嘶哑。

(9)糖醋海带:水发海带500克,洗净切小块,煮熟后捞出,加糖醋腌渍后食用。主治:声带小结。

(10)薄荷粥:薄荷鲜品30克,干品9克,米60克,米熬成粥后下薄荷煮沸,调味食用。主治:风热头痛、咽喉红肿。

伴随着现代人日趋频繁的社会交往活动,嗓音疾病的患病率正逐年增加。2003年,美国耳鼻咽喉科——头颈外科学会正式将每年的4月16日命名为"世界嗓音日",以此来呼吁大家关爱自己的嗓音健康。

其实嗓音保健不是一时而成的,主要重在平时的保护与合理的应用,希望每一位声乐学习者养成良好的用嗓习惯,掌握科学的发声方法,爱护自己的嗓音器官。

第四节　正确的歌唱姿势与心理准备

一、正确的歌唱姿势

(一)常见的歌唱姿势类型

对于大多数声乐学习者来说,最初的歌唱姿势训练并不是为了保持形态上的美感,最主要的是为了达到相对完美的声音。在舞台表演实践中,歌唱的身体姿势一般有两种状态:站姿和坐姿。相对来说,站姿形态在舞台上运用最多,坐姿相对少些,但由于表演内容上的不同,有时为了情节上的需要,可能还会有在行走中演唱以及多种演唱姿态并用等多种情况。但不论如何变化,站姿与坐姿都是最基本的状态,需要进行严格的训练。

1. 站姿

歌唱时的站立姿势与生活中的有所不同,因为生活中人们通常处于放松、随意的状态,而歌唱时需要歌唱者达到一种能够有意识控制的积极状态,整体面貌要给观众以精神饱满的感觉,具体要求如下。

(1)演唱者身体要呈现自然的直立状态,不可过于放松,也不能太僵硬,对身体的控制要适度。

(2)两脚稍微分开,基本与两肩同宽即可,两脚可以一前一后,但不可过于明显,目的是要使重心站稳,便于调整位置,以解除演唱时长时间站立造成的肌肉紧张现象。

(3)上身应自然挺立,胸部挺起,腹部微收,双眼平视,头部端正,不要上仰或侧偏,头部的状态会直接影响到发声的质量,同时要注意不可出现随着呼吸上下耸肩的现象。

(4)脸部要放松,表情一般略带微笑,同时根据演唱的需要进行调整,避免有过多的皱眉、眨眼等不良习惯。

(5)除了姿势上的要领,还要注意整体的精神风貌。积极的舞台状态,不仅能给自己增加自信,还能吸引观众的注意力,而精神上萎靡不振,缺乏热情,歌唱时也会显得苍白无力。

2. 坐姿

坐姿形态一般在舞台剧的表演中运用较多,特别在西方的歌剧和中国的京剧中,会经常出现,具体要求如下。

(1)要坐在椅子的前半部分,不要过于靠后,也不要倚靠后背,两脚平放在地上,小腿与地面成垂直状态,其余部位的要求基本与站姿相同,此时的重心经臀部接触椅子向下。

(2)坐姿状态也要注意保持身体的自然状态,演唱时为了保证发声与呼吸的质量,需要保持相对标准的姿势,没有演唱时,可以根据身体的状态适当调整,以免出现颈椎、腰部的不适现象。

(3)演唱过程中可能出现多种姿态并用的情况,但不论是哪一种,都要使上身保持挺立,让脊柱挺直不能松懈,其余部位基本可以参考站姿时的状态,这是所有歌唱姿势的基础。

(二)歌唱姿势的训练

为了养成正确的歌唱身体姿势,仅凭借有意识的纠正,效果并不好。专业的声乐学习者都要进行系统专门的训练,经研究表明,这种训练不仅能提高表演者对身体协调性的驾驭能力,并且能让其加深感受音乐形象的能力。以下是几种比较有效的训练方法:

1. 端正形体

端正形体是所有歌唱形态都要达到的要求,不论是站姿还是坐姿,以下原则是必须要遵循的。

(1)保证双脚平放于地面上,感觉好像粘在地上,一般让重心处于脚跟上。

(2)将头部向前伸,尽量保持双目的直视,这样能够帮助拉伸颈后部,使这部分肌肉运作起来灵活自然。

(3)演唱时双膝的状态也十分重要,应该尽量保持双膝的放松,若过于紧张,则小腿双足与地面的接触也会出现不自然的现象,从而在形体上会造成极度的不和谐。

(4)在训练时会出现身体姿态的不习惯,与之前相比略显僵硬。这是一种正常现象,需要经过持之以恒的训练逐渐适应,但要注意开始时就要姿势正确,否则会造成很严重的后果。另外,注意训练身体姿势的同时,还要保证能够进行正常的呼吸,否则就本末倒置了。

2. 改善身体姿势

改善身体的姿势是运用一些方法感受身体灵活舒展的状态,具体可以按下面的方法训练。

(1)以单手握住颈部背面,将头部向上托起。这样会有一种脊柱被拉长的感觉,从而使整个后背得到伸展。

(2)当演唱者站在舞台上时,想象自己身体向每一个方向延伸的状态,能够在意念上提醒自己身体处于一种动态,充满无穷的活力,这种方法可以使演唱者放松心态,增强自信,找到舞台表演的感觉,对其在舞台上行为体态的塑造有重要意义。

3. 感受姿势与发声的关系

我们一直强调训练姿态的两个目的,一个是为舞台形象、形体美感而服务的,另一个则是为呼吸与发声的自然和谐而服务的。然而,在训练的过程中,许多人由于改变歌唱姿势而造成发声的质量大打折扣,所以演唱者感受不同演唱姿势下的声音变化特点,并针对不足之处进行专门的训练就显得十分必要,下面是几种具体的方法。

(1)头部位置的变换。分别感受头部向前伸,向上仰,向下低以及在正常位置时的声音变化,但要注意头部的动作不宜过大,毕竟在歌唱过程中头部基本处在自然状态,不会有十分明显的动作。

(2)身体重心的转移。歌唱时脚部的重心会有一个平衡点,训练时可以感受将重心转移到后脚跟和前脚掌时歌唱声音所发生的变化。很显然,重心在后脚跟时,会造成背部肌肉的紧张;重心过于靠前会使膝关节过度疲劳,演唱时身体要分配一些力量来维持平衡,演唱必然会受到影响。

(3)变换多种身体姿势。这里指身体各个部位共同改变状态,感受多种身体状态下声音的变化特点。

(4)针对呼吸机能的训练。歌唱呼吸在形体上来讲,主要是靠胸部和腹部来完成,我们可以观察这二者在正常呼吸过程中的变化,还可以感受腹部在松弛状态下的发声情况,等等。

总而言之,进行歌唱姿势的训练过程中,一定要按照正确的方法,持之以恒地练习。同时注意,一种歌唱姿态不是完全僵化和固定的,需要按照舞台表演的不同情况适时调整,灵活运用,既保证能够进行科学的呼吸和发声,又要使歌声与形象美感达到自然和谐的状态。

二、歌唱的心理准备

在声乐表演中,大多数初次上台的歌唱者都会有些心理紧张,只是紧张的程度因人而异,持续时间长短有别。因此,正确的心理和积极认真的准备,是展现良好台风的重要前提。

(一)演出前的心理准备

心理准备对于形成歌唱者的最佳歌唱状态有着重要意义,主要包括以下七个方面。

1. 明确演出任务与演出环节

演唱者首先要明确自己所担任的演出任务,了解演出的性质、影响、范围、观众对象等。同时还要认真分析、理解所演唱歌曲的思想内涵,对歌曲的艺术表现要有充分的把握,对每个环节都要做到心中有数。与伴奏的配合也要反复练习,直到融合、默契,等等。

2. 客观认识自己的能力

要对自己的演唱水平有一个客观的认识,扬长避短,不要选唱难度较大、超出自己能力范围的歌曲,给自己留有充分的余地,不要存有侥幸心理,以平常的心态,为自己营造一种最佳的表演情绪氛围与状态。

3. 根据自己能力设定目标

要根据自己演唱的实际能力设定目标。艺术追求的标准不可超过现实的能力,进步的标准要建立在与自己过去相比的基础上,这样才能减轻心理压力,正常发挥自己的最佳演唱水平。

4. 激发良好的演出动机

表演动机是指推动声乐演唱行为的思想或念头,是控制表演心理具体体现的关键环节。良好的表演动机触发良好的表演心理,从而创造良好的表演效果。而表演动机失衡,将会导致事与愿违的后果。因此,演唱者要端正表演动机,将努力练习和精心准备的歌曲,创造性地呈现给欣赏者,并以自身的情感体验与投入,把欣赏者带入歌曲表现的意境中,这样才能达到所期望的表演效果。

5. 树立坚定的歌唱信心

信心与技术相辅相成,同等重要。所谓"艺高胆大",技术能力越高,准备越充分,信心就越大;信心越大,演唱发挥就会越好。

6. 注意力的指向性

在演唱时,演唱者的注意力带有明确的指向性,并且伴随着心理活动的全过程。如果注意力指向歌曲的内容和表现,演唱就会精彩、感人,如果注意力指向演唱以外的其他任何对象,演唱就会受到影响,甚至陷入混乱,"言不由衷"。

7. 形成最佳的情绪状态

演唱者要端正表演动机与表演心态,调动自身的全部注意力,专心致志地集中在歌曲的内容表现及与伴奏的配合上,使自己的演唱注意力不受歌曲表现以外事物的干扰,把平时所掌握的发声技巧,对作品的情感和音乐形象塑造的积累等,聚精会神地倾注于演唱表现之中,全身心地完成歌曲的二度创作。

(二)演出中的心理分析

在演出过程中所出现的情绪变化是最为复杂、最为丰富的,对于舞台上的表演者,一旦进入表演状态,心理情绪基本定型,对于不同的人则会有不同的表现。

兴奋状态是表演者积极的表现,他们大多精神愉快、饱满,希望获得成功。沮丧情绪,通常是表演者对自己表现不满意,产生心理障碍,会严重影响舞台效果,应该加以克制。个别舞台上,还会出现竞争的状态,这有利于发挥歌唱者的水平。还有一种陶醉状态,是由于演唱者全神贯注将自己融入演唱作品当中,周围的一切事物似乎都已经不复存在,这种"物我两相忘"的状态是歌唱表演当中较高的艺术境界。

(三)演出后的心理分析

演出以后的心理情绪通常也有两种,即积极与消极,这种不同的结果实际也是表演者对自己表演水平的评价。

积极的心理体验通常说明表演者对自己的发挥比较满意,精神状态极佳,有一种优越感和满足感,同时也是继续向更高艺术境界不断攀登的动力。对于表演不够成功的人来说,会从中总结经验,发现不足,以便在日后的学习表演过程中进行改进,这对演唱者的发展是极为有利的。

消极的心理状态也有两种情况,即演出成功者出现骄傲自满、自以为是的现象,他只看到自己成功的一面,不知道总结不足,会过高地评价自己,轻视他人。另一种则是由于表演不成功,丧失信心,一蹶不振,对学习和演出冷漠对待,显然不利于今后的发展。

第二章 声乐演唱基础

声乐是以自身的歌唱器官为表现工具的一种艺术形式。歌唱者想要科学地用嗓音来表现音乐,就必须对自己的发声器官进行长期、系统的训练。本章内容将针对声乐演唱的基础理论展开论述。

第一节 歌唱的呼吸器官与训练

一、歌唱的呼吸器官与呼吸原理

(一)歌唱的呼吸器官及呼吸原理

气息在歌唱中至关重要,它是人歌唱的基础,它为声音提供能量,没有呼吸支持就没有声音。在练习歌唱之前,需要先了解歌唱的呼吸器官,以下分别介绍。

1. 上呼吸道

上呼吸道包括鼻腔、口腔、喉头、气管和支气管。

鼻腔是上呼吸道中比较重要的呼吸器官,其内部覆盖着一层粘膜,一方面提供丰富的血液供给,另一方面具有灭菌和除尘的作用。在鼻腔的内侧壁上附有自上而下的三道鼻甲,鼻甲之间所形成的缝隙称为鼻道,它在鼻腔的呼吸生理运动中起着决定性的因素。

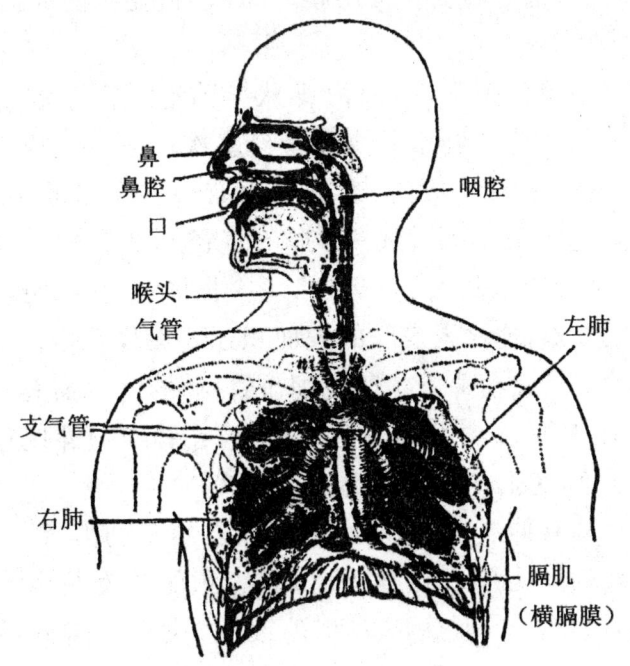

图 2-1 歌唱生理器官总示意图

口腔在某些时候也可以作为吸气的一个途径,但由于口腔内的粘膜没有鼻腔内粘膜那样的生理功能,所以尽管口腔的气流量比鼻腔的气流量大,却是不卫生的呼吸方式。

喉头由软骨作支架,由关节和韧带连在一起,再由肌肉负责运动而成。当声带收缩闭合时,仅留个小缝出气,在用大劲时,可完全闭合不出气,对下呼吸道起保护作用。

气管的上端与喉、口和鼻相连,下端与肺相连,吸气就是通过气管和支气管给肺充气。

2. 肺

肺的上端是气管,和口腔通连。肺分为左右两侧,左肺有两叶,右肺有三叶,每侧肺下面呈凹面的为肺底,膈位于其下,肺的顶部称为肺尖,而肺的整个表面则被一种叫作胸膜的弹性浆膜所包裹,胸膜又分为脏层和壁层,前者包裹肺表面,也叫肺膜,后者内衬胸廓内面,也叫肋膜。两层膜之间叫胸膜腔,正常状态下,胸膜腔呈密闭状态。

　　肺的最小单位是肺泡,呈海绵状。肺泡是由单层上皮细胞构成的半球状囊泡。肺中的支气管经多次反复分支成无数细支气管,它们的末端膨大成囊,囊的四周有很多突出的小囊泡,即为肺泡。肺泡的大小形状不一,平均直径 0.2 毫米。经观察测量得知,一个成年人约有 15 亿个肺泡,若将它们展开铺平,面积约为 130 平方米,这比人皮肤的表面积还要大好几倍。肺泡道的末端部分是一大片葡萄串状的毛细血管网,肺泡内面有一层很薄的扁平上皮,紧贴肺内毛细血管。另外,在肺泡壁外还包围着大量的弹力纤维,它们使得肺泡壁更加密实。

　　肺虽然具有伸展性和弹性,但仅靠它本身的力量,是不能够改变肺内部的压力的。在呼吸时,肺容积的改变是由于胸腔容积的改变而引起的,而胸腔容积的改变,决定于胸腔壁肌肉的收缩。

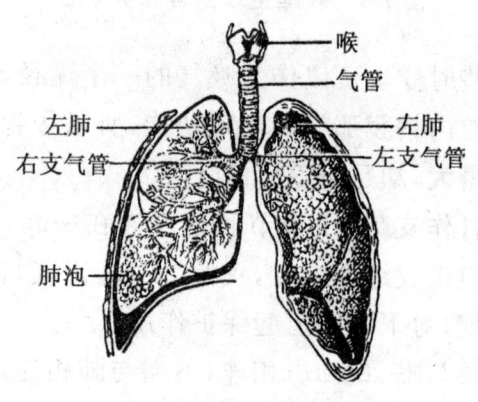

图 2-2　肺

3. 胸廓

　　在肺的外面有 12 对弓形的肋骨笼罩着,形成胸廓(图 2-3)。胸廓外部状似无底鸟笼的骨骼框架,由肋骨、肌肉和外部皮肤组成,它不仅包藏着胸腔脏器肺和心脏,还包藏了部分腹腔脏器如肝、胆、脾和胃的一小部分。

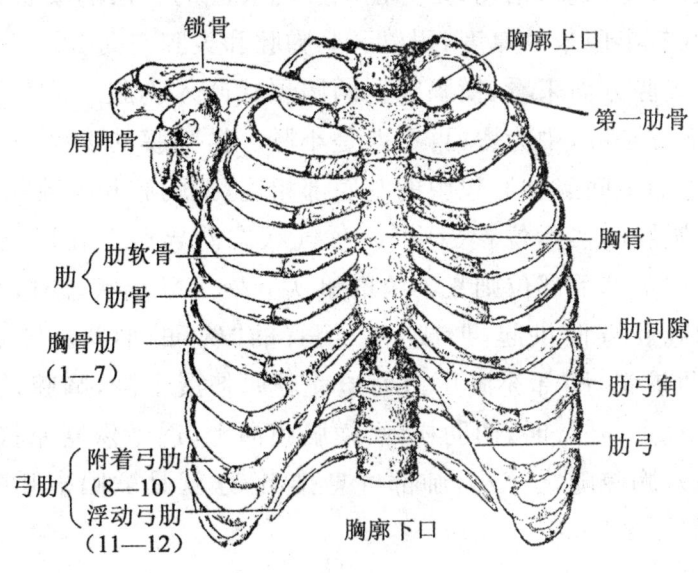

图 2-3　胸廓结构图

胸廓的前部中央是胸骨支架，后部为脊柱的胸椎段，两侧包围着十二对肋骨，分别与胸椎和胸骨吻合。肋骨之间有肋间内肌和肋间外肌依附着，它们是呼吸运动过程中最容易觉察到的肌肉（图 2-4）。

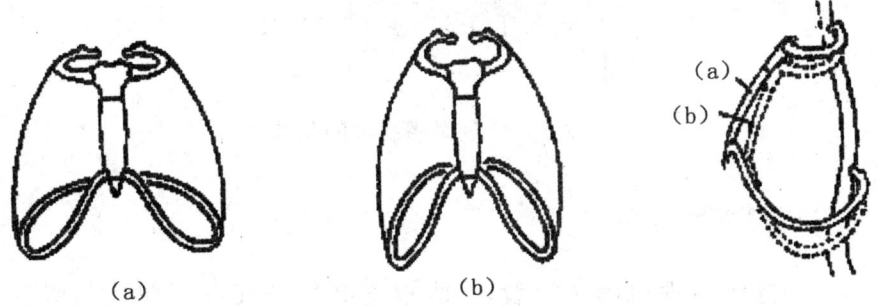

图 2-4　胸廓的吸气前(a)和吸气后(b)状态对比

4. 横膈膜

在肺的下面有一层由肌肉和腱组成的弹性的膜，叫作横膈膜，它是增加胸腔容积上下径的重要肌肉的一部分。横膈膜呈两个圆顶的倒置碗形结构,是分割胸腔与腹腔的一层隔膜状的肌肉组织,约有半厘米的厚度,用以区分胸腔和腹腔空间。

从腹腔方面来看,横膈膜呈两圆顶状凸入胸腔。其左下方是脾,右下方是肝,中为胃,再下即是小肠。横膈膜的边缘和肋骨缘相连,它的中间腱和心包膜的基底部相连,把胸腔和腹腔隔开。

横膈膜的实际位置因吸气、呼气状态差异而存在区别,但位于胸肋中部偏下部位则是不争的事实。处于静止状态时,它呈半圆形向胸腔方向拱起,形成一个倒置的"碗"的形状。歌唱吸气时,两肋扩张,肺部充满压力而迫使膈肌伸展下降,胸腔扩张,肺部充满气息;呼气时,两肋松弛,横膈膜向上,逐渐恢复原状(呈拱形状态),胸腔随之缩小,肺部气息排出,这就是歌唱中呼吸的运动过程(图2-5)。

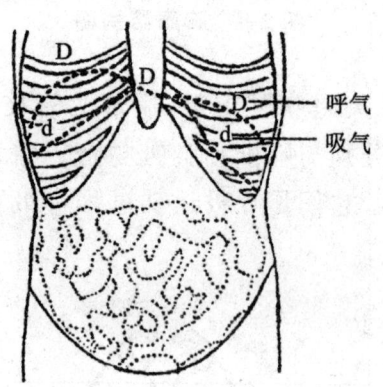

图 2-5 呼吸时横膈膜的位置

5. 呼吸肌肉群

从呼吸生理机制角度看,呼吸过程必然是在呼气肌群与吸气肌群的交替运动中展开。

在自然呼吸过程中,吸气肌群的扩张运动造成了胸廓增大,肺组织扩张,肺内产生负压。此时外界空气大于肺内压力,气息便会流入肺中,使肺部充盈、膨胀,肺的体积不断变大。而呼气肌群的收缩运动则使得胸廓缩小,肺组织受到压迫,肺内气压升高,肺内的气息就会向外泄出并产生呼气运动,肺的体积则不断变小。

在嗓音发声活动和诸如大笑、咳嗽、打喷嚏、吹气、吐气之类的强劲呼气运动中,由于声带张力增强,声门闭合严密,或是嘴唇闭合、撮紧、绷紧等,都在一定程度上限制和阻碍了呼气运动的开展,而强烈的气息阻碍直接导致了声门(或嘴唇)以下部位的气息压力急剧升高。为了协调呼气机能,增强气息作用力,单凭呼气肌群的作用常常会感觉力量匮乏,因此吸气肌群便会主动介入呼气运动,与呼气肌群形成对抗,产生合力,大幅度地提升声门(或嘴唇)部位的气息压力,进而保障了呼气运动的正常进行。

需要提醒的是,吸气肌群与呼气肌群协同运动的程度与作用力度,通常与嗓音的发声音量、音高、力度,以及声门关闭的严密程度和声带张力变化呈正比。

(二)歌唱的呼吸原理

歌唱呼吸,是人体非本能的呼吸状态,是人在进行歌唱时有意识地去控制、去把握的呼吸。在歌唱中,呼吸之所以是其原动力,主要是因为在吸气时,吸进肺部的气息能够带动肺部的呼吸肌群向外扩张,形成一种张力。而这种张力又在肺部呼气时起到作用,这个作用促使肺部的气息向外排出,并引起声带的振动,从而形成了歌唱。在歌唱时,歌唱者有意识的控制着呼吸,其实是一种要求要有很大肺活量的呼吸运动。在歌唱表达时,音区跳动较大,并且音量也很大。这就必须在自然呼吸的基础上进行歌唱的呼吸训练,由自然的呼吸变成有意识地呼吸机能,从而进行更好的歌唱表达。

歌唱呼吸区别于生理性呼吸,一是因为嗓音歌唱活动中增加了不断变化着的声门闭合运动和复杂的声带张力变化;二是因为嗓音歌唱活动的绝对气息消耗量远远大于自然呼吸[①];三是因为

---

① 正常说话和生理性呼吸的气体交换量通常不超过 500 毫升。

嗓音歌唱必须应对不断出现的音高、音强、音色、音值变化，必须动用更多的气息储备，必须谋求更稳定的气息压力和更为持久的呼气时间，因而必须拥有更强的气息控制能力。

歌唱呼吸虽然建立在自然呼吸的基础上，但又不完全与自然呼吸相同，必须通过长期、艰苦、细致的系统呼吸机能和技能、技巧训练，才能达到歌唱呼吸的要求。

二、歌唱的呼吸训练

（一）适合歌唱的呼吸类型

胸腹式联合呼吸，又叫作横膈膜呼吸法，它是一种同时运用胸腔、两肋、横膈膜、小腹以及腰部协同合作来控制呼吸的方法。这种呼吸方法与胸式呼吸和腹式呼吸相比较，可以说是取长补短，它既克服了胸式呼吸法气息过浅的弊端，又克服了腹式呼吸法气息过僵、过死的缺陷。它充分调动了人体呼吸器官的综合机能，也综合了前两种呼吸方法各自的优势。

胸腹式联合呼吸发挥了人体呼吸器官的生理优势和潜能，是一种比较完美的呼吸法，因而被中外声乐界普遍赞同并广泛采用。它具有以下几方面特点。

第一，胸腹式联合呼吸充分而全面地调动了胸腔、肋骨、肋间肌、横膈膜和腹肌等人体各呼吸器官的作用，使其相互配合，协同完成控制气息的任务。

第二，由于吸气时下降横膈膜和张开肋骨二者同时进行，就会使胸腔全面扩大，气息容量也得到增强。

第三，胸腹式联合呼吸使控制气息的能力更加自如，使演唱者更容易控制声音的高、低、强、弱及色彩的变化。

第四，呼吸支点更为明显，使演唱者的音域与之前相比更加宽广，并使高、中、低三个不同的声区获得整体的平衡与统一。

胸腹式联合呼吸法是当前声乐界认同的最为科学的呼吸方

法,胸腹联合部位的肌肉组织也是很容易被人们操纵的。所以,对于广大的声乐学习者与演唱者来说,应该对胸腹式呼吸方法不断地加以学习和掌握,并将其最终运用于实际的声乐演唱之中。

(二)吸气训练

1. 吸气训练要求

吸气训练要求吸气时不易过满,但要做到部位深、气量大,这样才能保持歌唱的正常进行。

在进行吸气训练时,首先双肩要自然放松,不可耸肩,从容地扩展两肋,使横膈膜下沉以增大胸腔空间与储气容量。但胸部不宜有太大的起伏,避免动作过大而影响均匀的吸气。其次要注意应运用口、鼻同时吸气,吸气要深,要有吸向肺底部的感觉,此时横膈膜下降,为储存气息的胸腔容量相应扩大。再者,吸气时,要自然、平稳、轻巧、柔和,没有气息声,不要有强制吸气的感觉。最后,在吸气时,腹部肌肉应向小腹的中心位置收拢。

2. 吸气训练的方法

在歌唱进行时,不可能一直保持着一种姿势进行歌唱,还要根据剧情的需要不断变换各种姿势。一般有站式、坐式、卧式这三种姿势。

站式吸气练习:全身放松,做深呼吸。按照"1、2"吸气、"3、4"呼气、"5、6"吸气、"7、8"呼气的循环反复,感觉深呼吸在吸气过程中的特点,做到节律自然,其吸气时的变化要注意平稳,长短、快慢、松紧、上提、下松自然适度。

坐式吸气练习:端正坐在椅子前部,上胸稍前倾,小腹微做收缩,按站式吸入气息,同样以"1、2"吸气、"3、4"呼气、"5、6"吸气、"7、8"呼气的循环反复,并体验和感觉坐式中的吸气特点。

卧式吸气练习:身体平卧,放松,双手轻放腹部,用口、鼻按拍节吸气,要感觉腹部有明显的气沉"丹田"的集中感。由于平卧不易抬肩,因而对初学胸腹式联合呼吸的人,更容易体会吸气的贯串作用。

(三)呼气训练

歌唱呼吸训练要有节律、有控制、平稳均匀自如地进行呼气。

1. 呼气训练的要求

在呼气时,气息要吸得深还要用得巧,要充分保证气息的发声作用。一般初学声乐的人不会用气,往往是缺乏呼气或用气意识。同时,一定要控制好呼出时的节律,要知道吸气肌肉群的力量小于呼气肌肉群的力量,且必须在吸气后控制住气流呼出的状态,既平稳自如,又徐缓持久。

呼气时能否保持胸廓及腰周的扩张状态是气息控制的关键。这是因为肺部蓄气的排出是由膈肌下沉,气息向下推移并获得气流向上的反冲力量的方式来进行的。因此,要有意识地控制膈肌下沉和胸廓与腰周的扩张状态,保持呼气运动的活力,才能更好地呼气。要注意的是,在呼气时力度要适中,不要将气息使劲压住。因为这样才能控制气息的流出感,反之造成气息僵硬。

2. 呼气训练的方法

对于呼气练习可以采用吹纸片和吹蜡烛来进行。吹纸片的呼气练习步骤就是,将一小张薄纸片置于墙上或垂直平放在手掌上。深吸一口气,然后对准纸片轻柔送气,用气抵住纸片使其不落下,保持的时间越长越好。而吹蜡烛的呼气练习步骤就是,深吸一口气,控制住,对准蜡烛火苗轻柔地吹,将火苗吹倒,但不允许吹灭,气息集中,力度速度均匀,持续的时间越长越好。

气息的呼出训练可以采用如下方法:首先按照正确歌唱姿势的要求站好,然后用小腹腹肌急促收缩的办法呼气,用唇音发"pu"音或用齿音发"si"音,体会启动呼气时的感觉,锻炼呼气肌肉——腹肌的收缩能力。做此练习时,换气不需思考,腹部收缩后,靠其本能的条件反射,腹部自然放松恢复原状即可。

(四)呼吸结合训练

1. 缓吸缓呼

(1)缓吸缓呼训练的要求

缓吸缓呼就是在吸气时胸部自然挺起,两肋肌肉向外扩张,要求自然放松,平稳柔和,如同闻花香时的感觉一样。在缓吸缓呼时,注意吸气要深,但不宜过满,也不要太用力,只要胸廓和上腹部能够自然挺住①,达到舒服的饱和状态就可以。

这里的上腹部自然挺住,是指对气息控制的开始,从中可以体会到吸气肌肉群的控制作用。然后,接下来的呼气要保持吸气状态,胸不可塌陷,尽量控制住气息,保持住气息的足够压力,再平稳、均匀、徐徐地且连续不断地将气息呼出,在此过程中不可使气息很快泄掉,同时保持胸腔和横膈膜的扩张状态。

(2)缓吸缓呼训练的方法

吸气时,气吸到八分满时即可;保持短暂瞬间,用同样节奏缓缓呼出。呼出时可以采用前面所述呼气的训练方法,即用唇音发"pu"音或用齿音发"si"音,体会启动呼气时腹部收缩的感觉,锻炼腹肌与呼气肌肉的收缩能力,要求强弱力度相同,然后进行反复训练(例 2-1)。

例 2-1

x x x x	x x x x	x x x x	x x x x
pu	pu	pu	pu
si	si	si	si

2. 急吸缓呼

(1)急吸缓呼训练的要求

急吸缓呼是指在很短的时间里,通过口、鼻迅速把气息深深

---

① 正常说话和生理性呼吸的气体交换量通常不超过 500 毫升。

吸到胸腔和腹腔内,同时将气息保持住。然后,再根据歌唱的需要按照缓呼的要求和要领徐徐地呼出气息。要注意的是在急吸缓呼训练中,吸进的气息要适当、适度。换气时,不可使两肋完全松懈,应当在唱完一句时,仍留有少量气息,当两肋未完全收缩时,马上进行下一次吸气。这样就能流畅地运用气息来进行歌唱。

(2)急吸缓呼训练的方法

急吸缓呼可以想象在受到惊奇时倒吸一口气的状态,然后经过几秒钟后仿佛有一股外部的力量将小腹向后推压,感到小腹在与这股外来力量的对抗中,气息徐徐向着上齿根的背后发送的感觉。然而在受到惊吓时的这种快吸慢呼,在这时横膈膜是有力地起着支持作用。这种呼吸方法在歌唱中用得也是很多,比如在歌曲结尾处,有时只有很少的地方可换气。

3. 急吸急呼

(1)急吸急呼训练的要求

急吸急呼是指快速地呼气、吸气。急吸急呼训练时,要求在很短的时间内,通过口、鼻迅速把气息急而深入地吸到肺叶下部,使呼吸器官快速扩张,随后借助横膈膜和腹肌的力量迅速收缩,有弹性地控制气息,使每一次呼气都很准确,时值强弱恰到好处。而这种方法在训练时是属于较难的一种,平时很少用到,只是用在唱快速的练习曲和声乐曲中。

(2)急吸急呼训练的方法

吸气时由于速度加快,一般不易将气吸深。要逐渐增强急吸急呼时两组吸与呼的肌肉群的灵活性,逐渐适应腹肌、膈肌在快速运动节奏中的灵巧效果。一般要在前两个训练后才适宜进行这种训练。这种快速、敏捷的深吸气,气息保持适度,瞬间控制之后,即快速送气,气息呼出时用唇音发"pu"音或用齿音发"si"音,体会启动呼气时腹部收缩的感觉,锻炼腹肌与呼气肌肉的收缩能力,然后反复循环的节奏(例2-2)。

例 2-2

4/4 X X X X | X X X X | X X X X | X X X X ||
   pu pu pu pu pu pu pu pu pu pu pu pu pu pu pu pu
   si si si si   si si si si   si si si si   si si si si

(五)练声中的呼吸训练

练声中的呼吸和歌唱中的呼吸都是有声呼吸，是在声带闭合振动发声的状态下所进行的呼吸练习。主要用以训练在发声活动中呼吸机能的合理运用，以增强呼吸控制能力，锻炼气与声结合的协调性、均衡性和运动的平衡感。

1. 哼鸣练习

所谓哼鸣又称哼唱，也可称为"闭口音"，这种方法是以轻微并富有支持点的深呼吸，去获得纤细而结实的鸣响。在训练中，初学者练声一般从哼鸣练习开始，因为发这个音容易达到高位置和靠前的效果。哼鸣练习一般用"m"来进行练习(例 2-3)。

例 2-3

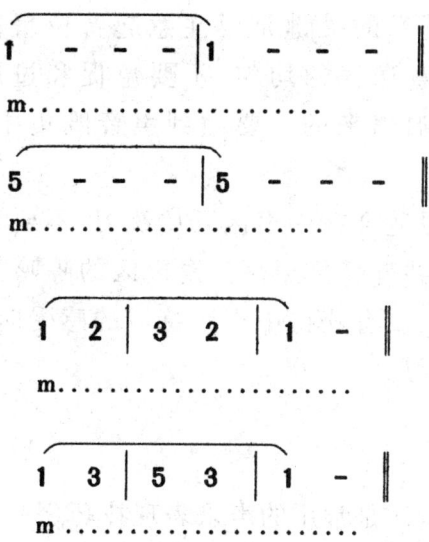

练"m"时,可以分为三个步骤进行。

首先,上下唇要自然地闭合,使发出的音保持相对的高位置,但切记不可把声音堵塞在鼻腔里,否则就会发出鼻音。

其次,嘴唇仍要闭拢,打开下颌骨,提起软口盖,放下下软颌。这样做可以很明显地感到这种声流的振荡。

最后,稍微张开嘴唇,引导声流不从鼻腔而从口腔出去,当然要注意母音不可发生变化。在双唇细缝之间,发出笛膜那样清脆的声音,就证明各部分肌肉没有不适当的紧张。

还要注意,在进行这三个步骤时,不能中断发声,只有这样才能对其中的要领有所领会。

练习哼鸣和练声、歌唱一样,要快速吸气,气不必吸得太多,也不必用力过大,只要软肋和腹肌有弹性地轻轻挺住就可以保持。其训练要求与方法如下。

(1) 做轻微深吸气后,隔肌稍微用力,推动气息向上流动,瞬息停顿后将声音缓缓从鼻腔送出。这时感到面部双眉之间有微弱振动感,气息有向上推动感。同时,要做到体态放松自如。

(2) 发好"m"音的关键是要注意起音位置高,像是发自鼻腔后部,还要注意送气的均匀,不要急促和过度用力,声音是哼出来的,不是唱出来的。要做到声音既集中、圆润,又富有弹性。

(3) 哼鸣练习适合在中声区开始练习,不要太响,多练轻声,使声流轻松地在共鸣腔里振荡。高声区的哼鸣往往造成喉头上提,声音憋紧。在没有获得中声区练习的感受时,一般不宜进行高声区的哼鸣练习。

2. 顿音练习

顿音又称断音,是常用的声乐表现技巧之一。歌曲里的各种笑声——欢笑、狂笑、冷笑等和各种哭声——痛哭、涕泣、啜泣等的表现手法,都是建立在顿音练习的基础之上。

练习顿音可以使喉器的各种肌肉养成迅速而短促的运动能力,从而使声带的闭和开灵敏而富有弹性。顿音的练习要求如下。

　　(1)顿音的唱法要利用腹肌的运动才能完成。也就是指要靠腹肌连续地、有弹性地收缩,即连续地使吸气肌和呼气肌产生突发的对抗,使一股一股有力的气流冲击声带,把发出的声音直送头腔共鸣区,发出一个个珠落玉盘的顿音效果。

　　在这个过程中,腹肌必须是有弹性的,腹肌僵硬着,就失去它连续突击的功能,同时必须避免仅用咽喉肌发出的"哈哈哈"空虚的所谓顿音。

　　(2)腹肌力度的大小,取决于歌曲内容表现的需要。

　　(3)顿音都是在开口字音上唱,因此要注意下颌切勿僵紧,舌根不要使劲儿,这样才能配合腹肌的动作,唱出轻巧、圆润而又丰满的顿音来。

　　3. 音阶练习

　　音阶分为级进音阶与跳进音阶两种。在练习这两种音级时,每个音必须清楚,不能混成一片。

　　(1)级进音阶的练习

　　练习级进音阶时应做到:在上行、下行的音阶中,要了解和掌握气息控制力度变化的规律,即渐次"张"和渐次"弛"的规律(高音张,低音弛)。要始终保持支持点位置的稳固状态,不要因音高的变化而移位。还要思考音阶的上行与下行时如何获得统一声音效果。从低音到高音,每个音级的声音都要有统一感。此外,在练习中还要很好地感觉共鸣腔体的活动,提高软口盖的活动、气息力度控制的活动、扩大口腔的活动等。

　　(2)级进音阶与跳进音阶的综合练习

　　级进音阶和跳跃音程综合练习时,应做到:起音柔和,但要清晰准确。气息控制要平稳,但从低到高音略有加强的感觉,音准要正确。还要注意在音程跳跃时要圆连。高音要像"哈气"一样唱出来,让咽壁好像是声流的"过道"一样,这样就可以避免喉、咽肌肉过分紧张。注意音越高,张口越大,越要提起软口盖。不要以强音练习,要锻炼气息控制的"韧劲",为在高音上唱弱音打下气息控制的基础。熟悉后可以延长高音,还可以在高音上做渐强、渐弱的练习。

　　从低到中、高音时,要保持胸腔共鸣,还要发展中高音区共鸣音响;到高音时,保持低中音区共鸣,而得到上下贯通、整体共鸣的音响效果,使高音唱得圆润、丰满而有光彩。与此同时,还要控制好气息,尤其在高音区更要严加控制,竭力防止用力过度。要格外注意气息控制的稳定作用,坚持最高音的平衡力度。

　　(3)喊嗓练习

　　喊嗓练习是借助日常生活中的某些特定嗓音发声活动,结合纯呼吸气息运动方式进行的一种歌唱呼吸辅助练习。

　　例如借助打铁、抡镐时的"嗨、嗨、嗨"的号子声,以单音节非连音的喊号方式进行的喊嗓练习。其目的是寻求发声横膈膜运动的瞬间弹性扩张感,并通过膈肌的向下弹动和腰腹的向外扩张的动作获得气息支持的力量,学习运用以横膈膜运动控制呼吸的方法,使发声获得支托感,使声音富于弹性、饱满圆润、深沉浑厚、宏亮贯通。

　　其练习要求如下。

　　①以急吸急呼方式吸气发声。在喊嗓训练进行时,吸气要求自然快捷、深而不僵、气量适度。呼气要短促有力、富于弹性。呼吸发声时采用间歇性发声方式,可随时于间歇处换气。练习音高可进行适当调节,但以保持相同高度为宜。

　　②发声中要体会膈肌下沉和腰腹向外做瞬间弹性扩张的呼气运动感。要保持腰腹部肌肉弹性运动的活力,做到有爆发力、有节奏和舒展自然。同时,还要注意发声间隙腰腹肌肉张力的瞬间放松,及时使其还原到不发声状态,以周而复始地重复发声与不发声交替作用的嗓音运动。

第二节　歌唱的发声器官与训练

一、歌唱的发声器官与发声原理

(一)歌唱的发声器官

歌唱的发声器官包括喉头、声带，以及掌管发音器官功能的喉部肌肉群。对歌唱发声器官的结构及功能描述，主要以人体生理学、解剖学为依据。

1. 喉头

喉头位于脖颈正中，在舌根和气管之间，上接舌骨，下连气管(图2-6)。成年男性的喉器位于第三颈椎至第六颈椎水平之间，平均长约4.4厘米、宽约4.2厘米、前后径约3.6厘米。女性、儿童的喉位较男性高。女性的喉器平均长约3.6厘米、宽约4.1厘米、前后径约2.6厘米。喉头以软骨为支架，通过肌肉、韧带、纤维组织膜相连。由于喉外肌附着连接于舌骨之下并与咽部和气管相连，使喉的部位相对固定。在吞咽或发声时，喉器在喉肌的作用下可以上下移动。

喉头的支架有十多块，但主要软骨有四块：环状软骨、杓状软骨、甲状软骨、会厌软骨。其中，环状软骨对喉腔有重要的支持作用，并对保持呼吸道的通畅起着重要作用；杓状软骨的滑动、旋转使声带张开、闭合，改变声门的大小，因此对歌唱有重要的作用；甲状软骨由左右对称的两块方形软骨成角度连接而成，声带的前端就固定在这块软骨上；会厌软骨在歌唱时竖起，形成通道让声音流畅地输出。另外，小角状软骨，以及各种喉关节与肌肉牵制着喉部的运动，都为发声与呼吸服务。

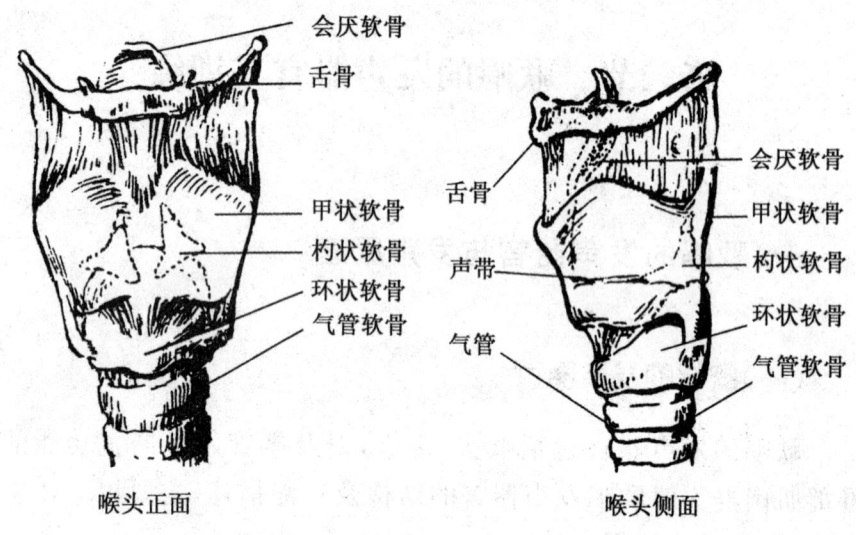

图 2-6 喉头

2. 声带

人声由声带振动而产生。声带,是位于喉腔中间呈水平方向对称的两片白色组织,由黏膜、韧带组成。声带的前端依附在甲状软骨上,声带的后端依附在披裂软骨上,由披裂软骨的旋转、滑动带动声带的开合。它的运动取决于喉内肌与喉外肌的收缩。在发音前,声带进入发音准备状态;发音时,拉紧声带的肌肉和起着不同作用的喉肌收缩,使两侧声带达到必要的紧张度并相互靠拢、闭合。由于声带的这种节律性运动,使气流通过后造成了空气稠密稀疏等相间的振荡而形成声波,声波经喉、咽、口、鼻等共鸣腔的扩大与美化,就造成了人的嗓音或美妙动人的歌声。

如图 2-7 所示,声带的长、宽、厚因男女、声部的不同而异,一般长 1.2~2 厘米,宽 0.2~0.5 厘米,厚 0.15~0.25 厘米。声带的厚度由边沿向里,逐渐由薄变厚,声带之间呈三角形空间,称为声门。声门分为两部分:和甲状软骨角相连的一段,约占全声带的 2/3,叫"音声门";和构状软骨声带突相连的一段,约占全声带的 1/3,叫"气声门"。①

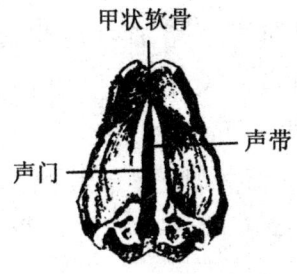

图 2-7　声门与声带

不发声时,声门开启,呈三角形空隙;发声时,声门闭合,激起振动,发出声音(图 2-8)。在声带的上方是室带,即假声带。假声带不是发声体,它起着辅助声带发声的作用。②

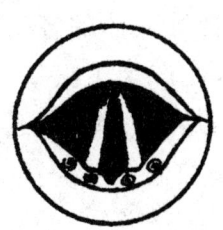 

图 2-8　声带的开与闭

3. 喉部肌肉群

喉部肌肉群是发音体系中的功能体及动力器官,主要包括喉内肌群、喉外肌群两部分。

---

① 当呼吸时,声门是开着的,声门和杓状软骨联合呈三角形,气流可以自由出入,强呼吸时,可以听到摩擦的噪音。当发音时,声门关闭,声带和杓状软骨联合靠拢(一般说话时,两杓状软骨之间还留有空隙),呼出的气流必须冲击声门才能出来,这时,声带不断地发出周期性的一开一合的振动,就造成一种乐音性质的声音。

② 假声带在生活语言的发声上不起什么作用,但它含有许多黏液腺,分泌的黏液对声带起湿润的作用。在呼气过于猛烈而声带挡不住气时,假声带的边缘往往向下移动,甚至直接压迫声带以帮助挡气。声带和假声带之间的喉头侧壁上,各有一个凹陷的小窝,叫喉室,也叫声窦,从声带发出来的声音在这里可以引起微弱的共鸣。

喉内肌群分布在喉腔内部，属于发音系统，是专门负责声带运动的肌肉。喉内肌群主要有环甲肌、环杓侧肌、甲杓肌、环杓后肌和杓肌。其中，环甲肌可以增加声带的紧张度；环杓侧肌可以使声带突向内转动，使声门前部变窄；甲杓肌主要起着使声带松弛和调节声带紧张度的作用。

喉外肌群分布在喉器外部，属于共鸣系统，主要负责调节舌骨与喉器位置，从而对嗓音的共鸣效应产生影响。我们将在第三节中详细解析。

（二）歌唱发声的原理

声音是通过物体的振动而产生的，这就是音乐存在的最基本的原理。声乐之所以存在，是因为人类具有能发出美妙歌声的生理器官，嗓音的产生有赖于声带这个器官。当人们由肺底呼出气流，经过保持吸气状态的支气管、气管等人体的各个共鸣腔体和正确的喉位以及闭合状态下的声带，便产生了振动，振动的声带产生基音，声音则经过空气这一介质以声波的形式传达出来。同时，由于人类具有口腔、咽腔、鼻腔、胸腔等共鸣腔体，使声音产生共振，从而使其得到扩大与美化。

那么什么是声带闭合？所谓声带的闭合，是指声带在呼气发声时的合拢状态。声带是由两片坚实的韧带构成的发音体，位于喉头的中部，它们的前端固定在甲状软骨上，后端分别固定在左右对称的一对杓状软骨上。由于杓状软骨以及相应肌肉的运动，形成了开闭声带门的作用。

加尔西亚在谈到歌唱时曾说过："呼吸是基础，声门是关键。"当吸气时左右两片声带分离，声门敞开，气息吸入；而发声时声带合拢，声门关闭，挡气发声。在呼吸器官的配合下，声带可以调节其长度、厚度与张力，可以全部振动，也可以局部振动，从而发出高低强弱不同的声音效果。

声带闭合的调整可以分成胸声、头声、假声三种，其原理可见表2-1。

表 2-1　声带闭合调整后的发声原理

声带调整后的三种声音	发声原理
胸声	声带以全部长度、宽度、厚度振动,而且闭合紧密,所以带有金属色彩
头声	声带只以局部长度及声带边缘(宽度、厚度极小)振动,但因声带仍闭合紧密,所以仍带有金属色彩
假声	声带以局部长度及声带边缘振动,唯闭合不严,中间有一小棱形缝,所以音色上缺乏金属色彩而且"虚"一些

综上所述,人类的嗓音没有什么特别的地方,只是自然界物理振动产生声音的一般现象。然而,其复杂之处在于,人类的发声器官是一部十分精密和完美的嗓音乐器。人类通过不断训练,能够掌握这种兼具生理和心理的发声系统,从而使其在歌唱的过程中充分发挥作用。

二、歌唱的发声训练

(一)起音发声训练

起音的发声训练从自然声区开始,喉咙状态、气息状态都要尽可能符合前面所说的歌唱技术要求,在自然声区比较容易做到,一般开始练习时采用下行的、比较简单的音阶进行训练,如用 o 或 u 等空间比较大而圆润的元音发声。o 或 u 元音比较容易保持喉咙打开的基本状态,也比较容易形成喉咙空间状态,运用肌肉比起其他元音相对外向,比较容易养成扩张喉咙歌唱的状态,对训练腰腹部运动配合也是较为有利的。

在元音之前加上 i 和 ü 的辅音,练习时加强一些嘴唇的力量,让声音随气息传送,这样可以减轻大部分人容易犯的声音堵在喉咙口的通病。如果舌头不太灵活、舌根容易后缩的话,i 或 ü 可以使得舌头尖用点力而避免僵硬或后缩,许多声乐演唱者在练习时,常常想着强调声音靠后吸着唱,这只能是加强咽壁力量的一种暗示,声音绝不可能真的从后脑勺出去。

例2-4

(1)

$\frac{4}{4}$ 5 0　5 0　5 0　5 0 | 3 0　3 0　3 0　3 0 | 1 0　1 0　1 0　1 0 ‖
　　a　　a　　a　　a　　a　　a　　a　　a　　a　　a　　a　　a

(2)

$\frac{3}{4}$ 5 0　3 0　1 0 | 5 0　3 0　1 ⌒ | 1 － － ‖
　　yü　yü　yü　yü　yü　yü

训练要领:

第一,练习起音时,一定要做到发声自然、气息柔和、打开喉咙、稳定喉头、声音流动,并将打哈欠、放下喉头、空气通过声门而出的三个动作,在同一时间完成。同时还要掌握好气息、声带、共鸣的协调配合。

第二,练习的声区应选定自己嗓音的自然声区,在自然声区的"起音"掌握好了后,再向自己音域的两头延伸。

第三,吸气时应自然深入,具体说,应使肺脏下叶的肺泡也充气,应感到气息沉于横膈膜以下腰围一带,歌唱时还应保持住这种感觉。

第四,呼气发声的瞬间应果断干脆,同时应非常轻松地把声音唱出来。

第五,练习(2)时,每个音都要断开唱,但不能太短促,感受到腰周边肌肉的着力点在最后一个音上进行延长,保持前面着力点找到的运动状态。

第六,练习的初期阶段以短音为佳,越短越好,待到短音练好了以后,再稍加延长。

综上所述,不同的起音,气息控制力度不同。起音是一个微妙的气息压力与声门间的平衡,失掉平衡就不会有正确的起音。初学者在最初做控制气息的练习时,应先练习软起音,当具有一定的气息控制能力之后,再练习硬起音。硬起音的发音方式不可运用过多,即使采用硬起音,也要避免用过猛的气息压力冲击声门,使声带负担重,声音逼紧,而造成声带损伤及喉肌疲劳。

(二)连音发声练习

例 2-5

$$\frac{2}{4} \ \widehat{1\ 2\ 3\ 2} \ | \ \widehat{1\ 2\ 3\ 2} \ | \ 1 \ - \ \|$$
ha
mi

训练要领:

保持平稳的呼吸,歌唱状态积极、兴奋,喉咙打开,音阶行进时保持呼吸平稳连贯,声音位置统一。

例 2-6

$$\frac{4}{4} \ \widehat{1\ 2}\ \widehat{1\ 2}\ \widehat{3\ 4}\ \widehat{3\ 4} \ | \ \widehat{5\ 4}\ \widehat{5\ 4}\ \widehat{3\ 2}\ \widehat{3\ 2} \ | \ 1 \ - \ 0 \ 0 \ \|$$
mi ma mi ma a

训练要领:

此练习是为了稳定学习者的喉头,练习时要求保持喉头稳定,咬字清晰、连贯,声音位置统一。

例 2-7

$$\frac{4}{4} \ \widehat{1 \ - \ 5 \ -} \ | \ \widehat{1 \ - \ 5 \ -} \ \|$$
a — ai — i a — ai — i

训练要领:

a—ai—i 之间不可间断,是 a 变成 ai 又变成 i 的合成母音,通过长期的训练,可自然解决换声点问题。

例 2-8

$$\frac{3}{4} \quad 1 \ 3 \ - \ | \ 3 \ 5 \ - \ | \ 5 \ 3 \ - \ | \ 3 \ 1 \ - \ \|$$
mi ya　　mi yo　　mi ya　　mi yo

训练要领：

此音阶如"鱼咬尾"的感觉，目的是让学习者通过前一个高位置的咬字发声保持到后一个字，从而保持高位置的统一。

例 2-9

$$\frac{2}{4} \quad \underline{\dot{1}.\ \dot{1}}\ \underline{7.\ 7}\ |\ \underline{6.\ 6}\ \underline{5.\ 5}\ |\ \underline{4.\ 4}\ \underline{3.\ 3}\ |\ \underline{2.\ 2}\ \underline{1\ 0}\ |$$
la la la la la la la la la la la la la la

训练要领：

注意保持清晰的 a 母音，舌尖灵活有弹性，保持高位置，腔体通畅。

（三）跳音发声练习

在练习跳音时，声音要明亮、轻巧、有弹性。

例 2-10

$$\frac{3}{4} \quad \overset{\vee}{5}\ \overset{\vee}{3}\ \overset{\vee}{1}\ |\ \overset{\vee}{5}\ \overset{\vee}{3}\ \overset{\vee}{1}\ \|$$
mi mi mi ma ma ma

训练要领：

用急吸急呼的呼吸方法感受小腹的收缩。声音要明亮、轻巧、有弹性。

例 2-11

$$\frac{3}{4} \quad \overset{\vee}{\underline{1\ 3\ 5\ 6\ 5\ 3}}\ |\ \overset{\vee}{\underline{1\ 3\ 5\ 6\ 5\ 3}}\ |\ 1\ -\ -\ \|$$
mi i i i i i ma a a a a a a

训练要领：

通过 m 音找到头腔共鸣，母音仍保持高位共鸣，声音像拍皮球一样，灵活有弹性。

例 2-12

$$\frac{2}{4} \underline{1\ 2\ 3\ 4\ 5\ 5} \mid \underline{5\ 4\ 3\ 2\ 1\ 1} \mid \underline{1\ 2\ 3\ 4\ 5\ 4\ 3\ 2} \mid 1\ - \parallel$$
la le li lo lu lu　la le li lo lu lu　la le li lo la le li lo　lu

训练要领：

要求舌尖有弹性，唇齿舌牙腭调节自如，声音流畅有弹性。

例 2-13

$$\frac{2}{4}\ \underline{1\ 3}\ \underline{5\ \dot{1}} \mid \underline{\dot{3}\ \dot{1}}\ \underline{5\ 3} \mid \underline{1\ 3}\ \underline{5\ \dot{1}} \mid \underline{\dot{3}\ \dot{1}}\ \underline{5\ 3} \mid 1\ 0\ \parallel$$
mi i i　ya a a a　mi i i　ya a a a　a

训练要领：

该练习可以很好地扩展音域，练习时注意腔体打开，保持积极的呼吸状态，声音有弹性。

(四) 分解和弦的发声练习

1. 三度音程分解和弦练习

三度音程分解和弦练习主要选用 u、a 母音进行，亦可根据需要更换任何其他母音。

例 2-14

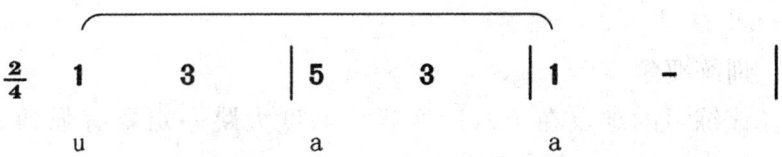

训练要领：

该练习应采用连音技术，注意腔体贯通，适度强调嗓音波动，做到声连、气连、意连，音乐的进行顺畅、饱满、柔和，元音发声准确、规范,位置和音色力求趋向统一。

2. 六度音程分解和弦练习

六度音程分解和弦练习主要选用 i、a 母音为唱词,其中上行琶音行进到最高音后作相应的延长停留,声音要站稳,气息通畅、深沉、饱满。

例 2-15

$$\frac{2}{4}\ \underline{1\ 3}\ \underline{5\ 6}\ |\ \underline{5\ 6}\ \underline{5\ 3}\ |\ 1\ -\ |$$
　　　　i　　　　　　　　　　　　　a

训练要领:

该练习的难点在最高音的腔体形态、共鸣方式、气息支持和肌体运动动作稳定性的整体配合,避免过分使用肌肉力度,避免过多的喉、咽部位的小动作,始终保持字正腔圆和行腔流畅。

3. 八度音程分解和弦练习

八度音程分解和弦练习,主要选用 lü、yo、ya 母音为唱词,其中加进了子音变化,但仍然以强调母音发声技术要求为重点。

例 2-16

$$\frac{4}{4}\ 1\ 3\ 5\ \dot{1}\ |\ 7\ 5\ 4\ 2\ |\ 1\ -\ -\ -\ |$$
　　　lü　　　　　　yo　　　　　　ya

训练要领:

该练习的难点在于八度音程。八度大跳一定要有强劲的气息支持作为后盾,下行旋律注意不能让声音垮掉。

(五)快速音阶发声练习

在进行快速音阶实例练习时,不能出现瞬间嗓音间隙、滑音、顿音、跑音现象,嗓音要非常连贯、通顺、圆滑。

例 2-17

$\frac{2}{4}$ 1 2 3 4 5 6 7 | i 7 6 5 4 3 2 | 1 — ‖
　　　mi　　　　　　　ya
　　lo　　yo　　　　lo　　yo　　　lo

训练要领:

每句开头需要先稳定一下主音,再快速级进跑动。如需要换声则应尽早做好准备,提前进行换声过渡,换声时要严格控制嗓音演唱音量,下行则应当尽量延迟向真声的过渡转换,低音区位置不能垮掉。

例 2-18

$\frac{2}{4}$ 1 2 3 4 5 6 7 i | 2 i 7 6 5 4 3 2 | 1 — ‖
　　　mi　　　　　　　　ya
　　mi　　ya　　　　mi　　ya
　　mi yo mi yo　　mi yo mi yo　　mi

训练要领:

该练习为九度快速音阶发声练习。练习时可以选择不同的语音音节,可以采用一对二、一对四、一对八或干脆一字到底的一字多音方式,声带调节要十分灵敏,最高音的气息作用力要明显加强,高音 re 的状态与前面几个音关联紧密,因此必须强化过渡音的动作调节,下行力求自然,不要松懈。

例 2-19

$\frac{2}{4}$ 1 2 3 4 5 4 3 2 | 1 2 3 4 5 6 7 i | 2 i 7 6 5 4 3 2 | 1
　　mi　　yo　　　mi　　yo　　　mi　　yo　　　mi
　　la　　le　　　la　　le　　　la　　le　　　la

训练要领:

该练习为音程扩展的快速音阶发声练习,分成两个快速跑动进行,前者为五度上、下行级进快速跑动,后者扩展为九度音程的快速上、下行音阶式进行,要求一口气完成,速度尽可能快捷,但声音要非常均匀、敏捷、灵巧。该练习的要点仍然在于高音发声提前准备和确保声音快速、松动、轻盈,以及清晰的声音颗粒感。

第三节 歌唱的共鸣器官与训练

一、歌唱的共鸣器官与共鸣原理

(一)歌唱的共鸣器官

在歌唱发声时,由于气息冲击声带振动而发出的声音同时引起了人体内其他各共鸣腔体产生共振的现象。通常情况下,歌唱的音域要宽广,这就要求有特别响亮的音量以及表达歌曲中不同感情所特有的各种不同的声音色彩。而想要完美地完成这些内容,除了要依靠正确的气息控制和发声方法外,就需要歌唱者掌握正确的人体发声中的共鸣作用。[①]

在传统歌唱共鸣理论中认为:凡是与整个歌唱发声系统相连的所有中空腔体,都属于有效歌唱的共鸣腔体。根据这一理论,我们依照人体与声道相连的腔体器官位置从上到下的排列,将歌唱共鸣腔体分为头腔共鸣、口咽共鸣以及胸腔共鸣三大类腔体共鸣器官(图2-9、图2-10)。根据腔体的生理构造,可以将共鸣腔体分为不可调节共鸣腔体和可调节共鸣腔体,其中头腔共鸣与胸腔共鸣为不可调节共鸣腔体,口咽共鸣处于头腔与胸腔之间,会根据声音的高低产生变化,属于可调节共鸣腔体。

---

① 歌唱的共鸣可以使声音产生质量变化,要比声带自身所产生的发声能量大很多。并且歌唱时共鸣产生的泛音可以与声带发出的音合成复音,这样可以使声音得到美化,达到洪亮、丰满、悦耳、动听的效果。

第二章 声乐演唱基础

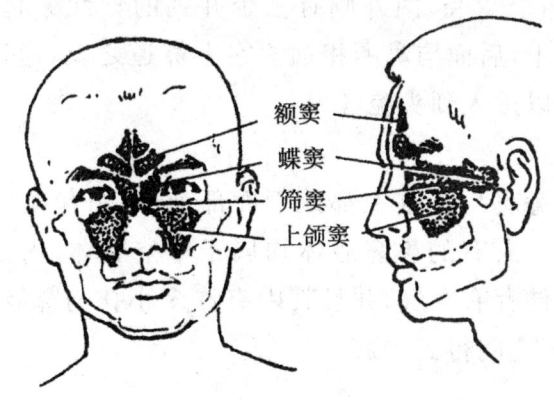

图 2-9 头部共鸣腔体分布

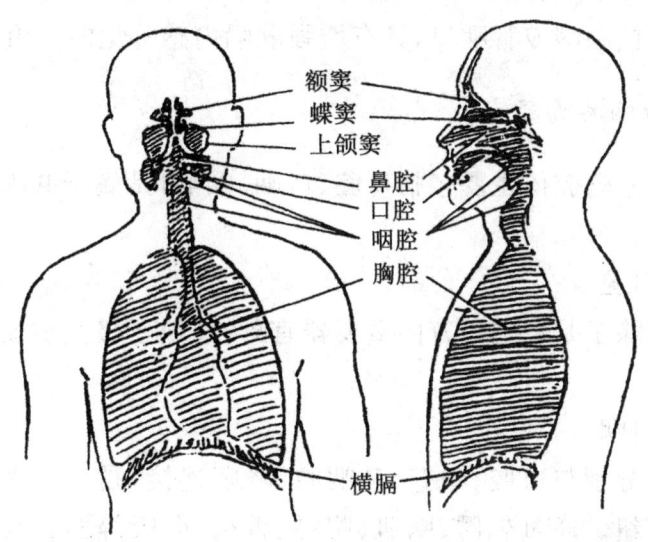

图 2-10 躯体共鸣腔体分布

1. 头腔共鸣器官

头腔共鸣器官是由鼻腔、鼻旁窦、鼻咽腔等组成,前面与鼻孔连接,后方则通过咽腔与口腔连接。头腔各个腔体相互作用,可以有效地诱发共鸣振动,使声音增强。

(1)鼻腔

鼻腔(鼻穴),是重要的呼吸器官和呼吸通道,位于面部正中,属于不可调节的固定共鸣腔体。鼻腔中间由鼻中膈将其分割成左右对称的两个空腔,两外侧有三个并列的骨性突起为上鼻甲、中鼻甲、下鼻甲,后面与鼻咽相通。在上鼻道之上,通过自然的开口,气体就可以进入到头腔各窦。

(2)鼻窦

鼻窦(鼻旁窦),基本上都处于面部前部,由额窦、筛窦、上颌窦、蝶窦组成。所有的鼻窦腔体均属于中空腔体,内壁被黏膜组织覆盖,中间储存有空气,并且其中有许多小孔与鼻腔相通,可以使鼻腔和鼻窦空间得到沟通。

(3)鼻咽

鼻咽处于颅骨底部和咽腔上端,与鼻腔相通。鼻咽腔内部有咽鼓管圆枕和咽鼓管咽口,具有增强歌唱内感听觉的作用。

2. 口咽共鸣器官

口咽共鸣腔体主要包括口腔、口咽、咽喉,是属于共鸣器官的重要部分。

(1)口腔

口腔除了是歌唱语言的重要器官外,还属于极其重要的共鸣器官。

(2)口咽

口咽分别与口腔、咽壁、鼻咽腔、喉咽连接,是一个多方相通的管腔枢纽。通过软腭、咽肌、腭弓、舌根、会厌等器官与肌肉组织的运动控制可以使口咽的结构、形态、容积发生变化,并且口咽腔体的调节对于共鸣、音量、音色等都具有重要意义。

(2)咽喉

咽喉是由横纹肌构成肌管,它的管腔结构对于共鸣具有明显的作用,并且咽喉管肌肉的张力变化会影响和改变管腔内壁的软硬度和光滑度,对于声音的反射性能具有调节、制约的作用。

3. 胸腔共鸣器官

胸腔主要由胸骨、锁骨、肩胛骨、肋骨与肋间肌等构成,当歌唱发声时，通过声带产生的振波一部分沿着喉室、咽腔、口腔、鼻腔等形成共鸣，而另一部分则沿着气管、支气管等形成共鸣。其共鸣器官主要有：喉腔、气管、支气管、胸廓、肺。

(1) 喉腔

喉腔又称为喉室，它既是一个发声振动器官，又属于共鸣器官。声带在气息的作用下发出基音，其首先经过的就是喉腔。按照音响学的角度来讲，在发声体的通道中，凡是有空间就可以产生共鸣。所以，在歌唱发声时，喉腔对于歌唱共鸣具有重要影响。

(2) 气管和支气管

作为胸腔共鸣结构的重要组成部分，气管、支气管内腔的形状、结构、容积均相对固定不变，因此气管与支气管都属于不可调节共鸣腔体。气管和支气管是管状结构软骨管，顶端的环状软骨也属于喉结的支架，沿着颈部由喉头一直向下延伸，末端像树根一样向下分成两个较细的管状枝杈，与两侧肺叶相通并继续由更细的分杈连接肺组织（图 2-11）。它的歌唱共鸣主要是由作用声带后被暂时阻挡在气管内的气流激起管腔空气的感应性共鸣振动所引起。

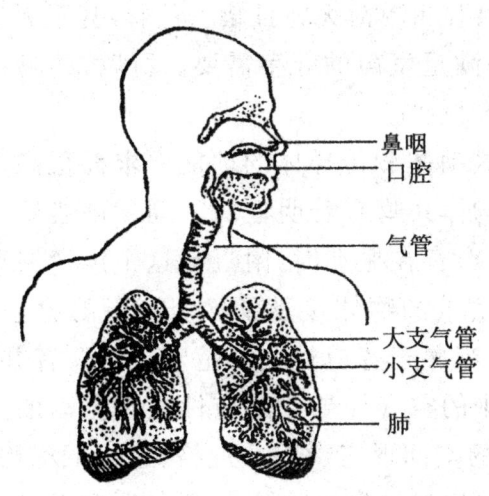

图 2-11　气管和支气管

(3) 胸廓和肺

肺脏在呼吸机制的作用下，因气息储量的变化体积会产生比较明显的改变。而胸廓容积又会在肺脏的充气程度、肋间肌张弛运动和横膈膜升降变化中发生变化。由于肺脏的特点更倾向于吸音，所以在胸腔共鸣结构中最稳定的腔体共鸣结构还是气管和支气管。胸廓和肺脏是传统共鸣理论中被认可的有效共鸣腔体，但是却被现代歌唱艺术中的共鸣理论给予否定。

一般在歌唱发声时，需要应用混合共鸣的方法，掌握好共鸣在各声区里的混合比例，使各共鸣腔体保持一定的平衡，才能使声音获得良好的效果。并且，只有及时地调节各共鸣腔体才能使歌唱声音达成统一、圆润、饱满、音色优美、色彩丰富的歌唱艺术效果。

(二)共鸣的原理与作用

1. 共鸣的原理

良好的共鸣可以使声音更响亮、更具穿透力。没有共鸣的语言艺术一般就会显得单薄无力且缺少色彩，甚至无法区分元音的不同，进而无法满足发声的吐字需要。所以，共鸣对于嗓音具有不言而喻的重要性。

共鸣对于振动体和传导体的性能要求都很高。并且嗓音共鸣与自然界的物体共鸣有着明显的不同。自然界的物体共鸣原理是：当某一个声音在振动时，附近与这个声音振动发出频率数相同振动或成倍数的物体接受了这个声音的感应后发出振动。而歌唱共鸣，应当属于感应性共鸣范畴。在嗓音共鸣中，是因为人体空间腔体中的空气柱导致感应性共鸣振动的产生。因为人体中各个腔体的空间形态、结构、规格、容积不尽相同，并且其中的一部分腔体可以通过身体动作，对腔体空间及其内壁作合理的机能调节，这样的作用往往会导致相关腔体空间部位的固有频率发生改变，使我们能够直接对不同嗓音频率的初始振动，形成外力频率与共鸣腔体固有频率间的完美振动结合,从而产生理想的嗓音共鸣。

2. 共鸣的作用

歌唱的共鸣是喉部声带的基音导入人体的各共鸣腔产生感应共鸣,也是通过喉软骨与肌肉传导到各共鸣腔产生受迫共鸣。由于在共鸣时产生的泛音与声带发出的音相结合而形成复音,因此共鸣能够使声音得到美化,达到洪亮、丰满、悦耳、动听的效果。

二、歌唱的共鸣训练

(一)歌唱共鸣的类型

人的声音共鸣是要建立在整体的基础之上的,如果没有基础声音共鸣,就不能有口咽腔的共鸣,没有口咽腔的共鸣也不可能产生鼻腔和胸腔等部位共鸣。在声乐演唱中,共鸣的类型主要有以下几类。

1. 口腔共鸣

口腔共鸣主要作用于喉、咽、鼻和口腔。因为歌唱时不仅要运用口腔咬字、吐字,决定字音的腔体形态,同时还以口腔共鸣为基础,决定和影响其他腔体的振动,形成混合共鸣。口腔共鸣音色明亮、清晰。口腔共鸣训练中,应注意口腔形态变化。口腔的开合、唇的圆扁、舌的前后及其在口腔中的接触部位动作,决定着口腔共鸣的变化,因此首先要根据字音发声的规律力求口腔形态的准确性。

2. 胸腔共鸣

胸腔共鸣主要作用于气管、支气管、整个肺部和胸廓。胸腔共鸣的音色丰满、浑厚,它是各声部低音区的共鸣主体,在统一声区的音色调节中,同样发挥着十分重要的作用。运用训练胸腔共鸣时,应注意喉头要适当下降,从而扩大增长喉咽共鸣腔体空间,使之与胸腔共鸣器紧密连接,有利于形成胸腔共鸣,加强基音的共振效果。为使泛音增多,喉肌、颈肌应适当放松,气息的控制力度也相应减弱,吸气不宜过满,有助于气息的调节,从而强化共鸣效果。

3. 头腔共鸣

头腔共鸣主要作用于鼻腔、鼻咽腔和鼻窦、额窦、蝶窦等,它是各声部高声区中的共鸣主体,对于扩展高声区和美化音色具有至关重要的作用。头腔共鸣训练时,注意掌握软腭(悬雍垂)下降,或上升的运动方式。下降时紧贴舌根,上升时堵住鼻咽通道,当下降时气息进入鼻腔等头部共鸣腔。通过练习感觉头腔共鸣的位置。

4. 混合共鸣

混合共鸣是指歌唱时,头腔共鸣与胸腔共鸣的混合运用。根据音高适度、合理地调整各共鸣腔的比例,以适应演唱高、中、低不同音高共鸣的要求,是运用好"混合共鸣"的关键环节。在歌唱进行时,虽然有众多的器官参与歌唱活动,但是实际上声波的振动与传播是在一个特定的发声通道中进行的,为了协调各共鸣腔内声波振动的关系,使声音保持一定程度的平衡,必须运用混合共鸣。

综上所述,在歌唱中,唱中声区时要以口腔共鸣为主,唱高音时则要以头腔共鸣为主,而唱低音时又要以胸腔共鸣为主。在不同的演唱时,其余的腔体共鸣则是要辅助这一声区来完成共鸣。总之,歌唱时既要运用混合共鸣的整体作用,又要根据歌唱内容表达的需要恰当地调整共鸣的比例,丰富共鸣的对比色彩,以便充分发挥歌唱的艺术魅力。

(二)共鸣练声曲

1. 练声曲(一)

例 2-20

(1)

$\frac{2}{4}$ 1 2 3 2 | 1 2 3 2 | 1 — ‖ 1 3 5 3 | 1 — ‖
　m　　　　　　　　　　　　　m

(2)

$\frac{2}{4}$ 1 2 3 4 | 5 4 3 2 | 1 — ‖ 1 2 3 4 | 5 4 3 2 | 1 2 3 4 5 4 3 2 | 1 — ‖
　m　　　　　　　　　　　　　m

(3)

$\frac{3}{4}$ 3 2 1 | 3 2 1 ‖ 5 4 3 2 | 1 2 3 4 5 4 3 2 1 — ‖
　m　　　　　　　　m

(4)

$\frac{4}{4}$ 5 4 3 2 1 — ‖ 5 3 4 2 | 1 2 3 4 5 4 3 2 1 — ‖
　m　　　　　　　m

要领：

第一，练习时，不能用很强的声音；哼唱时，嘴要放松，舌头平放，舌尖抵在下牙床上，上齿不要咬死，喉头下沉，轻轻提气。

第二，眉心和鼻梁处有轻微的振动感，而且每个音都是从同一位置上哼出来的。

第三，向下行的练习，唱到较低音时，要保持同样的共鸣感，喉头不能移动，下巴也要保持放松。

2. 练声曲(二)

例 2-21

(1)

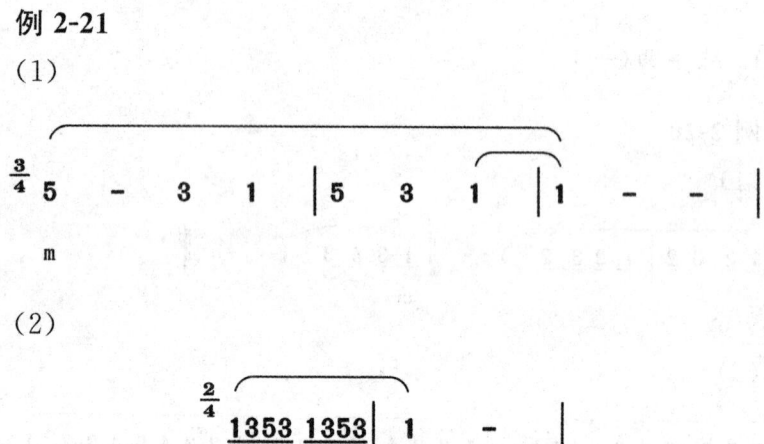

(2)

练习要领：

第一，要求吸得舒服和饱满。

第二，哼唱前寻找上、下的通气感。鼻咽口上方往下吸气，下面腰的两侧与小腹扩张。哼唱时，保持吸气状态，鼻腔边出气边出声。

第三，发声时，感觉混着气儿的声音顺着"吹"向鼻咽腔。这样很容易得到头腔共鸣位置和深呼吸支持的稳定状态。

第四，在吸气时的感觉支配下，整个腔体呈现"扩张"状态，在腔里"找气儿，不找劲儿"。气息越通畅，音色越明亮。

在共鸣训练中，有些演唱者忽视了呼吸对发声的重要作用而一味去寻找共鸣，这种做法是有害的。没有呼吸支持，声音只能从喉咙里挤出来，声音失去了弹性，必然会加剧发声器官的紧张度，最后必然会失去自然优美的声音本质。因此，演唱者应当在正确的呼吸支持下尽可能多地运用共鸣，探索柔和的、有控制的发声方法，使其能轻巧、灵活地运用发声器官的共鸣能力。

(三)"面罩共鸣"练习

练习面罩唱法，应先将下腭放松，将气息运至面部的前面，随后用 m 音哼出，使鼻孔通畅，感觉在前额鼻梁一带有微微的震动，并产生明亮靠前的面罩共鸣。在练习面罩唱法的过程中,需注意鼻腔肌肉的放松,气息切莫停留在鼻腔,否则容易产生鼻音。具体练习方法体现在以下几个方面。

(1)保持横膈膜气息支持,打开鼻腔,将气息运到面部形成波动而产生面罩共鸣。同时,用微笑状和小声练唱都有助于获得面罩共鸣。

(2)通过哼鸣练习寻找面罩共鸣。打开鼻咽腔,寻得具有高位置的哼鸣,是获得面罩共鸣的理想途径。在找到正确的哼鸣感觉后,可以结合其他元音进行巩固性练习。

例 2-22

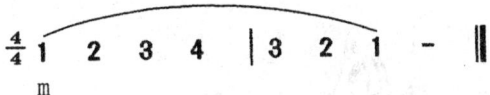

为了便于获得头腔共鸣,还可以在 m 前加 h 来练习:

例 2-23

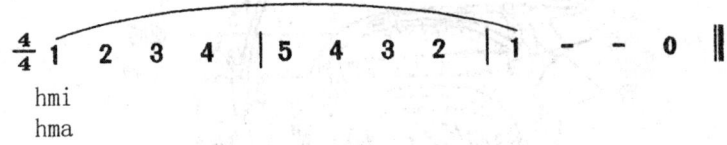

(3)可以运用声带闭合的"声门"。所谓"声门"就是声带闭合的间隙。发声时,声带的闭合不宜太紧,如果闭合太紧就会影响声带的分段振动频率,即影响泛音的形成。一旦缺乏泛音成分,声音就会缺乏丰富的色彩与美感。相反,如果声带闭合太松,声门容易漏气,声音必定软弱无力。

(4)借用哭泣的状态去感觉和获得具有高泛音的面罩共鸣。当人在哭泣时,横膈膜的动作幅度比平时大,气息比平时深,喉结向下,舌根放松,软腭上提,鼻腔中有明显的共鸣声。另一方面,当人在哭泣时喉门会自然松开,声带会变薄,所以感觉上声音会有所变圆、变宽,这种状态,都十分有助于歌者去细心体会面罩共鸣的感觉。

第四节 歌唱的语言器官与训练

一、歌唱的语言器官与发音原理

(一)歌唱的语言器官

人的口头言语发音主要由呼吸系统、声带,以及口腔、鼻腔和咽腔等部分组成。

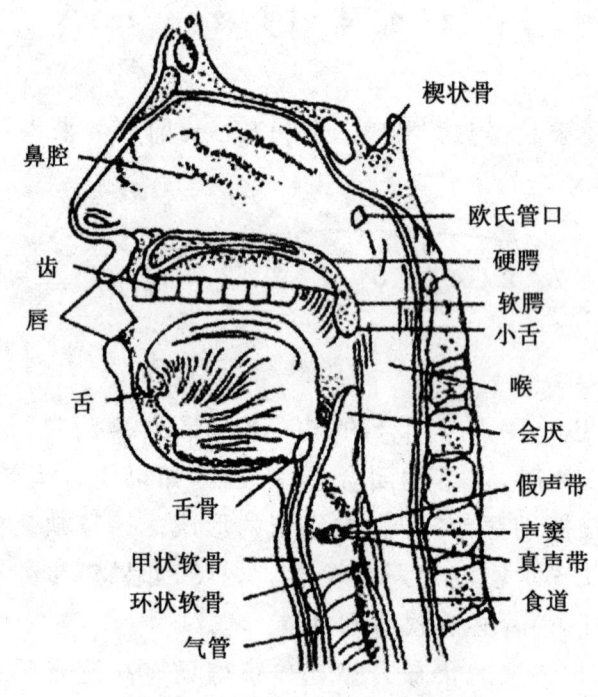

图 2-12　口、鼻、咽腔示意图

在整个发声系统当中,语言器官包括嘴唇、牙齿、舌、腭、鼻子、喉咙和声带,这些器官在歌唱时一个也不能少,否则会对歌唱产生影响。如果语言器官有生理缺陷或有不适的状况,同样会严重妨碍歌唱。由于有些器官在前面已经介绍，这里就仅介绍以下几种。

1. 嘴唇

嘴唇在讲话中的作用非常重要，它具有很多功能，具体如下。

第一，嘴唇具有力度的功能。嘴唇的力度和形状是字音发声的主要因素，如咬字时它有爆破与喷口的作用，尤其读双唇音的字和唇齿音的字，对发声能够起到决定性作用。当说或唱与 b、p、m、f 声母相拼的字时，不可能脱离嘴唇的力。如果离开嘴唇的力，或者力度不足，说出或唱出的字就会模糊不清，不够响亮。

第二，嘴唇具有调节字声方向的功能。实践证明，嘴唇的运动对声音的运动方向有直接影响。例如在读唱"妈妈"两个字时，首先用扁圆形嘴唇读，然后用椭圆形嘴唇读，再用上唇包住上门齿去读。三种情况会导致字声运动方向不一样，先者字声横向运动，次者字声垂直方向运动，后者则是后向运动。

第三，嘴唇具有调节字声集中的功能。这一结论是通过物理声学实验得出的，音波遇到传播或媒介的具体情况有所改变，就会产生"回射"的现象，致使发射力分散。我们可以注意到管乐器制作师把所有的管乐声音出口处，都制作成一个喇叭口，这个喇叭口就能使发出的声音更加集中，更有穿透力。

第四，嘴唇具有调节字声共鸣的功能。唇的动作、造型直接影响共鸣音响效果，当读字唇形是椭圆时，字声格外响亮，这时候上唇包住门牙，口腔内声音较多，笑口唇形面罩的共鸣音响效果就比较突出。

第五，嘴唇具有调节音色的功能。唇形的大小、形状、张力的变化都会导致音色的改变，在歌曲《为艺术，为爱情》中的前两句，必须是小圆唇形才能出现细腻的音色。又如歌剧《塞维利亚的理发师》中罗西娜的咏叹调《我听到美妙的歌声》前两句，双唇必须具有一定的收缩力，才能出现浑厚的音色。

第六，嘴唇形状还具有区别语音的功能。唇形发生不同的变化,会发出指定的语音。例如读 i(衣)字时唇形稍扁,读 ou(欧)字时,唇形则要圆撮。

2. 牙齿

牙与齿是两个概念,齿是上下门齿、犬齿,牙是后面咀嚼食物臼齿。牙齿在言语和歌唱时的作用也十分关键。如果一个人的门牙掉了,说话就会漏风漏气,唇齿音和舌齿音的字就很难说清楚。牙齿的功能主要表现在以下两个方面。

第一,牙齿具有成阻出声功能。我们在说话时,很多字如果没有牙齿的参与,是不可能成阻发声的,例如齐齿呼字韵 i、in、ian、iang、ing、iong,以及这些韵母与声母相拼的字,都需上下齿着力控制。例如"放飞"二字,必须是上门齿与下唇成阻、除阻,才能准确发声。

第二,牙齿具有共鸣作用。牙齿共鸣是"面罩共鸣"的重要特征之一,尤其是门齿的振动,门齿的出声发音,能够容易创造"面罩",使音波顺畅进入头腔,形成理想的面罩共鸣。例如唱或读 i(衣)字时,舌的两边必须贴在两边大牙上,成阻出声后才能产生最佳共鸣的效果。

3. 舌头

我们都知道,舌头在言语和歌唱中的作用是有决定性的。如果一个人舌头有缺陷,或长或短、或迟钝等,必然会影响到说话时的吐字发音,至于唱歌就更加难听了。所以,灵敏的舌头是学好声乐和播音主持的先决条件。舌头的功能主要表现在以下方面。

第一,舌头具有成阻、持阻、除阻发声的功能。世界上每一个民族的语言都有舌与齿、舌与腭、舌与牙成阻与除阻发声的情况。例如中国普通话的 d、t、n、l、j、q、x、z、c、s、zh、ch、sh 等,以及与这些辅音相拼的汉字,都离不开舌尖与其他部位成阻发声。

第二,舌尖具有弹力的功能。歌唱读字时,依靠舌尖的弹力,才能把字读清楚，把字音弹出去。例如"大""他""那""啦"等字离开舌尖的弹力，就不能把字读清楚，也不能将字音唱得响亮。

第三，舌头的动作能调节共鸣。例如在意大利语中，当双唇成扁形，舌尖抵下齿龈，舌前部向硬腭抬起，读元音 i[i]，声音响亮而圆润；当双唇收圆，略向前伸，舌向后缩，舌后部略抬起，读 o[o]，声音响亮圆润；读元音 u[u]时，双唇收得圆而小，同时向前突出，舌头稍向后缩，舌中部向上腭抬起，共鸣十分丰富。

第四，舌头具有调节音色的功能。在声乐表演中，众多的演唱经验证明，当舌尖作为发音点、读字点时，字声结实有力，具有强烈的金属声音色彩；当舌面读字发声时，字声铿锵丰满、通畅圆润；当舌前读字发声时，如"家""夏"等字声昂扬有力、清脆嘹亮。

第五，舌头还具有定位的功能。读字的位置、发声的部位是由唇、齿、舌、牙、腭等器官定位的，其中由舌头定位的最多。如"打他""那拉"等是舌尖定位的；"卡""哈"是由舌面定位的；"假""恰"等字是由舌前定位的。这种舌头定位的功能在其他国家的语音系统中同样适用，以意大利语为例，舌尖塞浊辅音有d[d]、z[z]，舌尖擦清辅音有 s[s]，还有舌尖塞清辅音 t[t]等，都是以舌尖来定位的。

4. 腭

腭在言语中的作用常常被人们所忽视，事实上，它的作用十分广泛，不论是说话、朗诵还是歌唱，都离不开腭的调节作用。腭包括上腭、下腭、软腭、硬腭，不同的部位发挥着不同的功能。

第一，硬腭具有成阻发声的功能。例如普通话中，以 g、k、h 打头的字，都是舌与腭成阻、除阻发声的，像"哥哥""干旱""感慨""海港""高歌"等，都离不开腭与舌的成阻、除阻发声。

第二，硬腭有发音定位的功能。很多研究都指出，所有的字都应该定位在硬腭上，这中说法虽然有些夸大或太过绝对，但还是有一定道理的，这样做能够使声音清脆嘹亮，并且防止字声"钻进"口腔或喉咙里去。

第三,硬腭具有突出的共鸣特征。言语中很多字声共鸣都是由硬腭担负的,软腭发声则比较少。喉音声母的 g、k、h,也要用硬腭读字发声,并担负共鸣。在说话时,把 g、k、h 读成硬腭音,不仅字音更加纯正,而且共鸣效果也十分突出。

第四,硬腭还具有调节音量的功能。下腭和上腭的开合能够决定口形的大小和口腔张开度。当口形张开时音量放大,口形合拢时音量缩小,声音的强弱一方面靠气息的支持,另外还要依靠硬腭收放的调节。

第五,上腭还具有调节音色的功能。上腭的前部是硬腭,后部是软腭,用硬腭读字发声清澈明亮,软腭读字发声较为暗淡。根据实际需要,利用软硬腭来调节音色的明与暗,能实现音色的变化。此外,腭与舌的积极协调配合,还会发出很多不同的音色。如意大利语中,舌前部与硬腭相配合读 e[e]音,发出清脆嘹亮的音;读 i[i]音,其金属声音感较为强烈。舌后部与腭中部相配合读 o[o]音,音色则圆润动听。

5. 咽

咽包括口咽、喉咽、鼻咽,三者在说话时发挥出的作用各有不同。例如声乐中强调的"打开喉咙",实际就是打开喉咽腔,这种感觉需要长期训练,才能恰到好处地运用在歌唱中。

第一,喉咽腔有调节呼吸的功能。张口打开喉咽腔吸气,能使气吸得快、吸得多、吸得深,而且对喉咙没有刺激;能够防止抬胸提肩和伸脖子;另外还能防止"闻花式"的吸气(只用鼻不用口),以免气息浮浅;打开喉咽腔吸气还能排除紧张,缓解喉咙产生的紧张和疲劳。

第二,咽腔有净化声音的功能。人们在读字发声时,总是夹杂着这样或那样的杂音,感觉不够纯净。原因是下腭肌肉、口腔肌肉、舌根肌肉、喉部肌肉的作用,导致杂音的出现。如果喉咽、口咽、鼻咽利用得好,嗓音就会干净利落,集中明亮。

第二章　声乐演唱基础

第三,咽腔的共鸣在歌唱中也十分重要。中声区共鸣的获得主要是口咽腔的作用,在小字一组 g 音位置上读发 o(欧)到 u(呜)之间的声音,产生的共鸣声音主要在口咽腔中声区共鸣点是在口咽上。

(二)声乐演唱语言的发音原理

1."无声响"音与"有声响"音的产生原理

声带分开,让气流毫无阻碍地通过,这样发出的音叫"无声响"的音,即清辅音。声带闭合,但并不紧张到不许气流通过,当声带振动了,就产生了高低不同的乐音,即"有声响"的浊辅音。元音和鼻腔音(m、n 等)都是有声响音,或者说都是歌唱的乐音。说话时最容易听清楚的也是有声响音。无声响音是噪音。

2. 鼻腔音的发声原理

鼻子既是一个发音器官,又是一个共鸣室,它的作用是极为重要的。软腭的提升,足以能够堵塞所流向鼻腔通路的气流,因而隔开了鼻腔与口腔的气流通路。如果软腭自由下垂,它就不产生阻碍作用,气流随时经过口腔进入鼻腔。这样,鼻和口就合成一个共鸣室。有的人无论是说话,还是歌唱(不管是否是鼻腔音),都显示出鼻腔音的特质,其中原因就是软腭下垂,鼻腔参加发音。这样的说话或歌唱的音色,都非常好听,同时发音也是高位置发音。

3. 口腔发音的原理

构成口腔发音的方式有两种:一是不管有无声响,鼻化不鼻化,气流可以从口腔顺利通过,而不在任何一点上受到阻塞或妨碍。二是气流受到霎时间的阻塞或冲过一条变窄的通道而产生空气摩擦。不受阻碍的气流,因口腔共鸣室的形状不同,而带上特别的色彩或性质。口腔共鸣室形状不同,主要是由能动的部分(舌头和嘴唇)的位置决定的。舌头一起一落,一伸一缩,一松一紧,嘴唇圆扁撮拢到某种程度或维持特定的位置,就产生许许多多不同的语音。这样的音就是"元音"。其余的音一般都是"辅音"。发辅音时,气流受到某种干扰,因而共鸣较少且音色尖锐。辅音群有四种主要类型的发音方法:一是气流在口腔里某一点上,在一刹那间完全被塞住。通过气流爆破产生的语音,如 d、t、p,叫"塞音"。二是气流经过狭窄的通路,受到延续的阻碍,但不完全塞住,如 s、sh、r,叫"擦音"。三是气流经过完全闭塞部位摩擦而出,如 z、c、zh、ch,叫"塞擦音"。四是气流在发音的中心点上有真正的阻塞,但气流可从舌的两边出去,如 l,叫"边音"。

二、歌唱的语言训练

(一)咬字

1. 咬字的方法

"咬字"是针对声母而言的,因为发声母时,气息受阻,而阻气又恰好为发声积蓄了力量。受阻的程度越强,积蓄的力量则越大,除阻时就越有弹性。因此,声母蓄气成阻的强弱与吐字的清晰与否有密切的关系。如果只重视韵母元音的柔美、响亮,忽视声母的阻气着力、弹性,这就很容易导致有声无字、字声脱离、有声无情的后果。所以,发声之前必须把气蓄好,把字头咬住,适当地增强阻气的力度,以这种富有弹性的力量在瞬间爆发,对吐准字头,引长字腹,发出圆润、响亮的声音是有帮助的。

传统艺术语言理论中,也有把声母的发音就阻气着力点的部位和特点分为五个方面,它们是唇、齿、舌、牙、喉,传统口法称为"五音"。

表 2-2　五音所对应的声母表

唇音	b p m f
牙音	j q x
齿音	zh ch sh r z c s
舌音	d t n l
喉音	g k h

《乐府传声》中认为"五音"为"审字之法也"。"最深为喉,稍出为舌,再出在两旁牝齿间为齿音,再出在前牝齿间为牙音,再出在唇上为唇音。虽分五层,其实万殊,喉音之浅深不一,舌音之浅深亦不一,余三音皆然,故五音之正声皆易辨,而交界之间甚难辨"①。所以,在演唱"五音"过程中要仔细琢磨,把字咬清楚,增强相关部位的控制力与着力感,以突出歌唱语言的表现力,达到生动而又形象的演唱效果。

2. 咬字的要领

(1)声母要准确清晰

歌唱咬字吐字的字头部分,即声母或辅音发音的起始,由气流突破语言器官不同部位的阻力而产生,其性质虽然是噪音,但却是形成语言不可缺省的因素。咬字是否正确直接影响到演唱者的发音技巧和歌曲本身所要表达的情感内涵,只有在声母的发音部位和着力点正确的情况下,歌唱才能有所依据而达到"字正腔圆"的目的,才能为我们日后带来清晰、准确、富有穿透力的字音以及更加鲜活的艺术表现力。我们要使其咬得到位、阻气有力、松而不懈、紧而不僵。字头的出声应注意以下几点。

第一,唱刚劲有力的歌曲时,字头和喷口要结实有力,口腔的相关部位需要有一定的紧张度,使声音强健,有弹性,但又不能咬死。

---

① 雷礼. 歌唱语言的训练与表达[M]. 上海:上海音乐学院出版社,2009.

第二,在演唱抒情性的歌曲时,字头以及从声母到韵母的过渡,字与字之间的衔接,都要柔和一些,做到圆滑、连贯。

第三,演唱活泼欢快的歌曲时,注意形成字头的口腔各部位动作,要灵活而敏捷,使字与声既清楚干净,又具有弹性。

(2)掌握好字头喷口

我们一般要求字头咬准要有劲。由于子音发音大部分是不颤动声带的,所以所占的音符时值最短。这样就要根据字的表情需要控制气息,气息越充分,发音除阻时就越有弹性。

声母在咬字、吐字的过程中虽然是瞬间完成的动作,但正是这一"瞬间动作"才使得我们唇部肌肉形成一种爆发力,为韵母的准确清晰做了一个极好的铺垫,因为没有爆发力的声音是传不远的。也就是说,气和字头产生对抗后突然放松的过程称为"爆发力"。

在一般规律中字头要有"喷口",但如何看待一般规律,既要遵循一般规律的原理,又不能绝对化。当然,"有劲"也是相对而言的,一般来说要使字音清晰,增强字头的力度是关键。但力度的强弱或"劲"的大小,要视内容与感情的表达需要而定。一般是感情激愤昂扬、节奏铿锵有力的歌曲,则要加强"喷口"的力量。如在某句唱腔中,因为情感不同,有的字不一定听出有"喷口"。也就是说,艺术中"适度感"是很重要的。同时,如果声母在发音时发声部位的着力点用力适中,不但能够把字交待清楚,而且更重要的是这个适合的力度还能够把参与发声器官各部位的肌肉共同协调运作,从而达到良好的声音平衡,并带动美好的声音色彩。

(二)吐字

1. 吐字的方法

字头的发音叫作"咬字",那么发韵母或是字腹、字尾部分就称为"吐字"。

声母是几乎不发音的,而字音的响度直接来源于韵母中的母音,尤其是在一些复合韵母中,发好主要母音显得尤为重要。它不仅关系到字音的准确、清晰,更重要的是关系到歌唱共鸣的大小、音色的丰富、字音的圆润以及歌唱语言的连贯性。

在我国传统声乐训练中,历来认为吐字训练和四呼的口形训练密切相关。所谓"四呼",就是传统的音韵学根据韵母发音的着力部位和口形的变化概括为开、齐、合、撮四种形态。

"四呼"是我国民族传统演唱艺术家们对韵母发声时口腔活动和变化过程的科学研究和总结。熟练地掌握"四呼",是歌唱过程中随着韵母因素的变化,掌握口腔开、齐、合、撮各种形态与着力部位的有力手段,便于韵母在因素过渡时改变唇形与口腔的变化,为归韵做好铺垫。四呼为开口呼、齐齿呼、合口呼和撮口呼。

(1)开口呼

a、o、e,或以其分别打头的韵母都称开口呼字。如 ai、ei、ao、ou、an、en、ang、eng,以及这些韵母分别与 b、p、m、f、d、t、n、l、g、k、h、zh、ch、sh、r、z、c、s 打头相拼的字,也都是开口呼字。开口呼口腔张开度稍大,共鸣响亮,开口呼着力部位要前后适中,不要在喉部用力,而着力在硬腭。例如来、干、高、发、歌等。

(2)齐齿呼

i 或 i 打头的韵母都称齐齿呼字。如 ia、ie、iao、iou、ian、in、iang、ing,以及这些韵母分别与 b、p、m、d、t、n、l、j、q、x 打头相拼的字,都是齐齿呼音。齐齿呼口腔开度较小,着力在口腔前部,读音时口腔稍扁,着力点靠前。例如继、齐、金、青、间等。

(3)合口呼

u 或 u 打头的韵母都称合口呼字。如 ua、uo、uai、uei、uan、uen、uang、ueng、ong,以及这些韵母分别与 b、p、m、f、d、t、n、l、g、k、h、zh、ch、z、c、s 打头相拼的字,也都是合口呼字。合口呼字成阻时,双唇成圆形,着力点在前,当除阻发声时,字声的振动点在硬腭和鼻咽上,不能满口都是声音。例如公、姑、东、同、红等。

(4)撮口呼

ü 或 ü 打头的韵母都属于撮口呼字。如 üe、üan、ün、iong,以及这些韵母分别与 n、l、j、q、x 打头相拼的字,也都是撮口呼字,撮口呼字在成阻时,双唇突出,着力在前,当除阻发声时,唇形立刻随韵母展开,以便达到字正腔圆。例如居、鱼、军、云等。

2. 吐字的要领

(1)规范吐字发音的动作

"出声""引腹""收声"是我国传统声乐学对字头的发音、字腹的延长、字尾的结束的代称,是根据语言的结构规律总结出来的。"出声"—"引腹"—"收声"这个过程其实就是歌唱咬字吐字的整个流程。

标准的发音动作是唱好母音,清晰、准确地吐字的关键。这主要是由于口腔的前、后部分分别担任了吐字和发声任务的缘故。

要想保证吐字的顺利进行,首先就要保证口腔时刻处于一个相对良好的状态,这要求歌唱者要时刻保持一种相对松弛和自然的歌唱状态,包括面部各部分肌肉组织和口形。口形的正确与否和开合度是影响声音状态的一个重要因素。声音发虚、音包字大多是口腔开得过大,影响了字音的准确和音色而造成的;声音挤、压、紧大多是由于口腔开得过小,找不到共鸣位置,从而影响到吐字的清晰和使音量发散而造成的。

其次,要保证口形的稳定性。字腹的音值在延长的过程中,即便发声旋律线条起伏变化较大,也不应频繁变动口形。要想保持比较稳定的口形,就要时刻保持嘴部的半微笑状态。要求口腔内部的状态为舌面自然地平卧且顶住下牙龈,同时提起软腭。

再次,在进行歌唱时,还要加强对气息的控制与支持以及对各共鸣腔体的适度调节,从而确保演唱过程的整体协调。

(2)将字腹唱"圆"

作为歌声的灵魂,由韵母或元音组成的字腹在咬字吐字中,唱得最响,音量强弱可以控制,音值也可以适当延长。字腹要求在字头发出的瞬间,迅速而准确地吐出。行腔过程中的口形不应随旋律的变化和字腹的延长而发生变化,应保持住母音原型,使音韵共鸣到位,声音圆润、气息饱满、共鸣洪亮,产生高质量的母音化的声腔,并使字腹的共鸣形态在所有发音时值内保持不变,直到收尾的瞬间。

在母音中韵腹是韵母中的主要母音,也就是在韵母中口腔开度最大的母音,在音节或韵母中其他成分可以缺少,而韵腹是不可缺少的部分。①

复韵母的骨干音不同,在延长字腹时要正确掌握复韵母的骨干母音,使字腹延长时有正确的母音口形,并以该骨干母音的共鸣腔体及其音响特质保持音韵的声腔。

复韵母的骨干母音是前面的韵母时,要将前面的韵母唱得响些、长些,而后面的韵母唱得短些、轻些。例:ai、ei、ao、ou 等。

复韵母的骨干音是后面的韵母时,要把后面的韵母唱得响些、重些,而前面的单韵母则唱得轻些、短些,延长时以后面的单韵母为主。例:ia、ia、ua、uo 等。

复韵母的骨干母音在中间时,要把中间的韵母唱得响亮、突出,而前面和后面的韵母则要唱得轻一些、短一些,延长时以中间的韵母为主。例:iao、iou、uai、uei 等。

鼻韵母,如 an、en、in、ang、eng、ong 等,在行腔时,都以前面的韵母为骨干音,使它得到充分的展示,到行腔即将结束时再归韵到鼻腔,不能过早归韵。

(3)韵尾收音要衔接

韵尾也叫字尾,是字音结构中的最后一个成分,也是韵母的收尾部分。作为一个字的完结部分,字尾同时也是下一个字发声的先导。字音的自然停顿与衔接,直接与字音的清晰和准确与否相关。同时,词义表达是否准确,深受字尾收音是否分明的影响。

---

① 余笃刚.声乐语言艺术[M].长沙:湖南师范大出版社,1987.

正确的归韵方法应当是,在歌唱过程中使每个字的发音、落韵、收音清晰圆润,完全融化在歌声中,转腔换字之间纯净无杂音,听不出字与字之间转换时的变化,使歌声圆润而连贯,即"声中无字"。十三辙就是分析和归纳了汉语普通话音节中韵母所属的韵律,是收音归纳的科学方法和规律。

(4)字尾归韵要准确

歌唱咬字吐字的字尾指的是韵母尾部的元音或辅音,也叫韵尾。歌唱咬字中完成韵尾的过程,亦称归韵。有了清晰的字头,正确规范的字腹,还要把字尾收好,做到归韵准确,才能完美地完成歌唱咬字吐字的全过程。

单韵母、复韵母、鼻韵母的字尾不同。

单韵母的字尾即是本母音,收声即收在本母音,在保持母音原型不动的情况下收在气上,气断声则止。

复韵母的收声收在后面的母音,如:ia、ua 的韵尾是 a,要用 a 收声;ao、iao 的韵尾是 o,要用 o 收声;ie、üe 的韵尾是 e,要用 e 收声;ai、ei、uai、uei 的韵尾是 i,要用 i 收声;ou、iou 的韵尾是 u,要用 u 收声。

鼻韵母的韵尾是辅音,如:an、ian、uan、üan、en、uen、üen、in 的韵尾是 n,收尾时舌尖贴上齿龈,阻住口腔通路,将韵尾收到鼻腔;ang、eng、ong、iang、ing、iong、ueng 的韵尾是 ng,应使舌根上升贴住软腭,阻住口腔通道,归韵到鼻腔。

(三)归韵收声训练

大多数的字音都有韵头、韵腹、韵尾三个部分,当我们咬住了字头,吐清了字腹之后,韵尾的归韵也是极为重要的,它关系到字音的连贯性和完整性。在演唱歌曲时,我们明白了字音声母的阻气着力点,韵母的口形变化规律,还必须准确把握韵尾收声的技巧,才可以让我们歌唱时得心应手,运用自如。

我国传统的声乐归韵收声训练是通过"十三辙"来完成的。所谓"十三辙"是指字音所属的韵脚与收音归韵的方法和规律。

"十三辙"具体的划分和名称是:发花辙、梭波辙、乜斜辙、姑苏辙、一七辙、怀来辙、灰堆辙、遥条辙、油求辙、言前辙、人辰辙、江阳辙、中东辙。

1. 发花辙

凡是在 a、ia、ua 归韵的均属之。

唱法:气息徐缓地送出,不收音,口似扯开略露上牙。

例 2-24

```
5 4 3 2 | 1 - - - ‖
ma ma ma ma  ma

1 0 3 0 | 5 0 3 0 | 1 0 5 0 | 3 0 1 0 ‖
ha    ha    ha    ha    ha    ha    ha
```

2. 梭波辙

凡是在 o、uo、e 归韵的均属之。

唱法:不收音,气息里收或保持,外口形作撮状,口腔内要松开。

例 2-25

```
5  4  | 3  2  | 1  - ‖
mo mo  mo mo  mo

1 2 3 4 | 5 4 3 2 | 1  - ‖
me      me      me
```

3. 乜斜辙

凡是归韵在 ie、üe 的均属之。

唱法:不收音,气息基本上呈保持状态,字头要快速准确地发出。

例 2-26

```
1 2 3 4 | 5 -  | 5 4 3 2 | 1 - ‖
ye        yue    ye        yue

5 6 5  4 5 4 | 3 4 3  2 3 2 | 1 - ‖
ye ya ye ya    ye ya ye ya    ye
```
(三连音)

4. 姑苏辙

凡是归韵为 u 的都属于姑苏辙。

唱法：不收音，撮唇，字音落在喉。气息内吸或保持。

例 2-27

```
5  4  3  2 | 1 - - - ‖
u

5432 1234 | 5671 2176 | 5432 1 ‖
u
```

5. 一七辙

凡收 i、ü 的字均属一七辙。

唱法：不收音，气息呈保持状态。

例 2-28

```
1 2 3 4 5 - | 5 4 3 2 1 - ‖
yi      ya    ya      yi

5 0 3 0 1 0 | 5 0 3 0 1 0 ‖
mi  i   i     ma  a   a
```

6. 怀来辙

凡是在 ai、uai 归韵的均属于怀来辙，归韵在"衣"(i)上。

唱法:字头有力,用气推出字腹,两腮有力,归韵时气息仍往前推送,收音在牙,但不能过分靠前。

例 2-29

$\underline{1}\ 0\ \underline{3}\ 0\ |\ \underline{5}\ 0\ \underline{3}\ 0\ |\ \underline{1}\ 0\ 0\ \|$
  lai   lai   lai   lai   lai

7. 灰堆辙

凡是在 ei、ui(uei)归韵的均属于灰堆辙,归韵在"衣"(i)上。

唱法:与怀来辙相同,字头有力,用气推出字腹,两腮有力,归韵时气息仍往前推送,收音在牙,但不能过分靠前。

例 2-30

$\underline{5\ 4\ 3\ 2}\ |\ \underline{1\ 2\ 3\ 4}\ |\ \underline{5\ 4\ 3\ 2}\ |\ 1\ -\ \|$
  mei   mei

$\underline{1\ 2\ 3\ 4}\ |\ \underline{5\ 4\ 3\ 2}\ |\ 1\ -\ \|$
  uei   uei

8. 遥条辙

凡是在 ao、iao 归韵的均属于遥条辙。遥条辙收字归韵在"哦"(o)上。

唱法:字头要有力,开始用气息推出字腹,收字归韵时,气息回收使"哦"音落在唇边,收音以后不能留有余音。

例 2-31

$\underline{1\ 2\ 3\ 4}\ |\ \underline{5\ 4\ 3\ 2}\ |\ 1\ -\ \|$
  mao

$\underline{1\ 3\ 5\ 6}\ \underline{1\ 3\ 5\ 6}\ |\ \underline{5\ 3}\ 1\ -\ -\ \|$
  you

9. 油求辙

凡是在 ou、iu 归韵的均属于由求辙。由求辙收字归韵在

"乌"(u)上。

唱法:基本同遥条辙,字头要有力,开始用气息推出字腹,收字归韵时,气息回收使"乌"音落在唇边,收音以后不能留有余音。

例 2-32

$$\underline{54}\ \underline{32}\ \underline{12}\ \underline{34}\ |\ \underline{54}\ \underline{32}\ 1\ -\ \|$$
you

$$\underline{\widehat{13}}\ \underline{\widehat{56}}\ \underline{\widehat{53}}\ |\ 1\ -\ -\ \|$$
you

10. 言前辙

凡是在 an、ian、uan、üan 归韵的均属于言前辙。言前辙收字归韵是用前鼻音,收在"安"(an)上。

唱法:气息轻缓送出"言"入鼻腔,归韵时气息仍缓缓地推送,字音结束时舌尖抵上腭。

例 2-33

$$\underline{\widehat{1\ 3}}\ \underline{\widehat{5\ 6}}\ \underline{\widehat{5\ 3}}\ \widehat{\dot{1}}$$
wan wan wan

$$\underline{1234}\ 5\ |\ \underline{567\dot{1}}\ \dot{2}\ |\ \underline{\dot{2}1 76}\ 5\ |\ \underline{5432}\ 1\ \|$$
yuan yuan yuan yuan

11. 人辰辙

凡是在 en、in、un(uen)、iun(uen)归韵的均属于人辰辙。人辰辙收字归韵是用前鼻音,收在"恩"(en)或"因"(in)上。

唱法:气息轻缓送出"人"入鼻腔,归韵时气息仍缓缓地推送,字音结束时舌尖抵上腭。

例 2-34

$$1\ \underline{2\ 3}\ |\ \underline{4\ 5\ 6\ 7}\ |\ \widehat{\dot{1}}\ \underline{7\ 6}\ |\ \underline{5\ 4\ 3\ 2}\ |\ \widehat{\dot{1}}\ -\ \|$$
yin

1 3 5 6 5 3 1
men

12. 江阳辙

凡是 ang、iang、nang 归韵的均属于江阳辙。此辙收字归韵是用后鼻音,收在"昂"上。i、n 出声后引出字腹"a",这是发响的母音,然后加进"ng"归韵。

唱法:总的来说,字头要有力,字身要唱得饱满,收字归韵时气息略为回收,使"昂"归入鼻腔。

例 2-35

1 2 3 4 | 5 6 5 4 | 3 2 1 ‖
ang

123 345 567 176 765 654 543 432 1 - ‖
wang

13. 中东辙

凡归 ong、eng、ing、ueng、iong 韵的均属中东辙。中东辙的收字归韵是全鼻音(后鼻音),收在"翁"上。

唱法:例如"红"字的发音,首先气息要送出字头"h",然后要强调字腹"o"(在此过程中不要有"翁"音),当收字归韵时,气息回收使"翁"音急入鼻腔。

例 2-36

1 23 | 4 5 6 7 | 1 7 6 | 5 4 3 2 | 1 - ‖
ying

1234 5 | 5671 2 | 2176 5 | 5432 1 ‖
yong

综上所述，在歌唱中，不同风格、样式、速度和音域的歌曲所要表现的内容丰富多彩，为了准确表达和深化作品的思想感情，赋予歌曲新的生命力，并更好地塑造音乐形象，我们必须全面掌握咬字、吐词的基本规律与处理语言的方法，运用咬字吐字的艺术手段，把字咬活、唱美，以期达到以情感人的艺术效果。

第三章 幼儿声乐的教学方法

幼儿声乐教学是现代素质教育发展的一个重要方式,当前幼儿教育的方法有很多,但是对幼儿音乐教育的培养是一个综合的、永恒的话题。本章我们就来探讨一下幼儿声乐教学的方法,重点包括幼儿歌唱的状态、能力、发声练习、幼儿歌曲的学习与教学、教学需要注意的一些问题。

第一节 幼儿歌唱的基本状态

儿歌的教学工作,一定是建立在对幼儿的生理、心理等方面深刻了解的基础上的。而对幼儿的歌唱训练,也一定要遵循客观的规律,依靠儿童歌唱训练科学的、规范的手段,使他们能够获得比较基本的歌唱方法,这样才能演出,才能发出具有幼儿特点的、良好的声音。

一、呼吸

幼儿歌唱训练的首要任务是对幼儿主动的、正确的呼吸方法的训练。教师一定要依据幼儿的年龄特点与心理特点,采取可以被幼儿轻松地理解与掌握的方法加以训练,采用具体的、形象化的方法,让幼儿能够看得见、摸得着、听得懂、感觉到。抓住幼儿正确歌唱呼吸的身体外部特征,让幼儿可以认识、模仿并最终掌握住它。

(一)正确的站姿

教师应该给幼儿一边讲解一边做示范,让他们明白正确的站姿是一种什么样的形体姿态。但是,由于幼儿缺乏审美与观察能力,所以对自己的不良站姿常常是不自觉的,这就要求教师要有充分的耐心,有针对性地对其进行纠正。

(二)呼吸训练

良好的、正确的站姿具备了之后,就能够进行呼吸训练了。但是,幼儿的吸气训练也要从慢吸气开始,就像闻花时做深吸气的动作,但是不能吸得太饱,再用与吸气同样的动作来缓缓地呼气。掌握呼气的技巧时,可让幼儿形成这样的观念:歌唱时,他的"气球"(腰围)一定要保持满或圆的状态,不可以一张口球里的气就全跑了,而是要保持到一个乐句唱完才行。

二、发声

对幼儿进行发声训练时,要做的第一项工作就是让幼儿明确地分清讲话与歌唱的声音之间存在的不同。由于幼儿的思维特点是具体的、形象的,因此教师需要幼儿做的只是在正确站姿的基础上做到微笑—抬起牙齿—舌放平—慢吸气—发声。这几个动作对于幼儿而言是比较简单的、明确的、具体的,幼儿如果依照要求去认真地训练,并通过持续的训练养成一种下意识的歌唱习惯,就能够发出基本通顺的歌声了。

三、咬字

幼儿正处于学说话的阶段,整个发音器官唇、舌、口、咽腔等肌肉都还不发达、不灵活,说话也经常出现错误的语音、语调。同时,因为4—6岁的幼儿还处于发展语言能力的最佳时期,所以,训练幼儿正确的发音咬字对幼儿学习歌唱具有十分重要的意义。咬字、吐字同歌曲密切结合来练习,能够促进幼儿的语言能力得到迅速的发展。

第二节 幼儿歌唱的能力特征

幼儿的歌唱活动是一项轻松、愉快的活动,但是并不意味着就能够草率、马虎、随便演唱与喊唱。教师需要注意在歌唱活动中对幼儿的歌唱能力培养,使幼儿可以在一种愉快的歌唱氛围中学会自如地、有表情地歌唱,从而激发幼儿演唱的热情,并力图从中体验出幼儿表现的乐趣与音乐的魅力。

一、幼儿的歌唱能力特征

(一)0—3岁的幼儿歌唱能力特征

对于任何一个儿童而言,在他们开始学习说话和唱歌的时候,实际上是没有特别严格的区分的。儿童的歌唱能力发展与儿童的语言能力发展之间其实是有一种紧密联系的。国外曾经有研究者做过一项调查,在1976年时对50个这一年龄段的婴儿进行了追踪记录,注意到婴儿初学说话的"咿呀之歌"其实已含有了变化的音高,它是用一个元音或者极少的音节唱出来的。所以,国外的不少研究者也将这种区别于"咿呀之语"的"元音表演"称为"本能歌"。这种本能歌的初始阶段具有世界性的、不受文化背景所限的共同特征,即表现为下行的小三度音程。

婴儿在这个时期的歌唱能力特征是,他们可以在自己最大限度的音域内发展音高。随着婴儿年龄的不断增长,婴儿到了2岁左右的时候,会努力变化发音去模仿标准的音高,并且还能察觉出音乐的旋律轮廓方面的细微变化,这个时候,"本能歌"也就逐渐演变为"轮廓歌"。这种"轮廓歌"一般只有一个大体的构架。通常我们也将它叫作"近似歌唱"：歌曲多为相对简单的句子，节奏方面也没有明显的变化。

从音高与音程的掌握上来看，2岁之前，婴儿的歌唱音高还是一种相对模糊不清的状态，到了2岁以后，婴儿才逐渐出现分离音高，而且音高的音程主要是二度音程、小三度音程。大约到了2岁半的时候，四五度音程才开始出现。在歌曲的旋律结构与歌曲的节奏组织上，2岁以前的"轮廓歌"基本上是不存在调性的，而且歌曲的旋律线是一种起伏不定状况，节奏也十分散漫，节拍也不是太明显，2岁之后，婴儿才逐渐向规则的模式发展。随着年龄的增长，到了3岁左右的时候，儿童能十分完整地唱出一些音域有限、短小的歌曲以及歌曲中的片断，其"轮廓"也逐渐变得清晰，并且还不断地走向完善。

(二)3—4岁的儿童歌唱能力特征

这个阶段的儿童对音乐的表现欲望与能力正逐步地增强，其中一个比较明显的变化就是，儿童对歌唱活动的兴趣出现了极大的热情，并且对那些富有戏剧色彩的、十分生动活泼、情绪比较热烈的歌曲都会产生异常浓厚的兴趣，同时也十分喜欢演唱歌曲里重复的部分。

1. 歌词方面

3—4岁的儿童在歌词的表现上都有了自己的独特特征，虽然3岁左右的儿童在语言上都有了很大的进步，但是由于他们在认知的发展上还有极大的局限性，他们对歌词的含义理解并不是特别容易，甚至还存在一定困难，再加上他们的听辨与发音能力还较弱，所以，在他们遇到自己不能够理解的字词时，就会变得吐字不清了。

2. 音域方面

3—4岁的儿童在歌唱的音域上并没有很大的进步，一般仍然

在 $c^1—a^1$ 之间,其中,唱起来最为舒服、轻松的音域是在 $d^1—g^1$ 之间,但是个别儿童音域的发展也会有所偏差：音域稍宽的儿童偏高可以达到 c^2,偏低的儿童可以唱到 a,而音域相对偏窄的 3 岁儿童通常只能唱出 3 个音左右。

3. 旋律方面

在旋律的感知方面,这一个年龄段的儿童存在着明显的差异性与不精确性,其中,最为明显的表现就是"走音"现象。有相当一部分儿童的音准存在问题,往往不能准确地唱出歌曲旋律,唱歌如同"说歌"。在没有乐器伴奏的基础上或在独立歌唱时这种走调、没调的情况更加严重。当然,这种现象的发生或许是歌曲的音域太宽、音调过高或过低、旋律太难等多种因素造成的。

4. 节奏方面

3—4 岁的幼儿基本上能够合拍地歌唱,尤其是对与走步、跑步、心跳、呼吸等生理性相对应的协调性节奏。这个阶段的儿童还很容易掌握四分音符、八分音符所构成的节奏。

5. 呼吸方面

3—4 岁的幼儿肺活量还较小,呼吸也不是太深,同时也不能很好地控制气息,所以往往不能根据乐句的需要换气。有不少儿童还会出现一字一换气、一字一顿的歌唱错误,也有不少的儿童是唱不完一句歌词就要换气,这些现象都会因为换气而中断句子、中断词意。

6. 其他方面

3—4 岁的儿童在歌唱的其他方面有很多技能表现,他们能在成人的引导下,特别是在幼儿园相对良好的氛围影响下,对已经熟悉和理解的歌曲,以速度、力度、音色等相对明显的变化来表现歌曲。例如《在农场里》,各种动物叫声采用不同的音色表情进行处理;《大鼓和小铃》采用不同的力度、强弱加以对比;《摇篮曲》采用的是稍慢、稍弱的速度与力度加以表现等。

(三)4—5岁的儿童歌唱能力

1. 歌词方面

这个年龄段,儿童对歌词的掌握能力有了十分显著的提高,通常可以十分完整、准确地把一首歌曲中的歌词再现出来,且对歌词的听辨、理解、记忆与再认能力也有了比较明显的提高,唱错字、发错音的现象得到很好的改观。

2. 音域方面

相比于之前,4—5岁儿童的音域有了较大的扩展,这个时候一般都能达到 c^1—b^1,但是,音域依然会在个别儿童的身上存在较大的差异。

3. 旋律方面

在这个年龄段,儿童接触了更多的歌曲,这也促使他们对旋律的感知、再认能力得到提高,对歌曲的音准把握能力也有了较大的进步。在乐器或录音的伴奏下,这个阶段的大多数儿童都能唱准旋律相对适宜的歌曲。当然,对于个别的儿童而言,对音乐的旋律感、音准的把握依然是一个比较困难的问题。

4. 节奏方面

随着儿童的听觉分化能力得到提高,这个年龄段的儿童对歌曲的节奏把握与表现能力也都有了十分明显的进步。他们不但可以掌握住四分音符、八分音符的歌曲节奏,还可以比较准确地再现二分音符的节奏,有时候甚至还会出现带有附点的节奏。

5. 呼吸方面

这个年龄阶段的儿童对自身嗓音的控制能力有了明显的提

高,还学会使用相对较长的气息,通常能在教师的指导下学会换气,并能根据歌曲句子的要求对句子的中断、词意的表达等进行换气。

6. 其他方面

在这个年龄段,儿童的歌唱技能发展上都有了很大的进步,对歌曲的速度、力度、音色的变化都能够很好地把握,这是因为他们对歌曲的形象、内容、情感的体验与理解能力都有了进一步的提高。因此,他们在演唱、表现歌曲时,能够比较细致地表达出歌曲的力度、速度等多个方面的变化。

(四)5—6岁的儿童歌唱能力特征

1. 歌词方面

在这一年龄阶段,幼儿的歌唱技能和水平都有比较显著的发展。其中,最为突出的表现是随着语言的不断发展,他们可以记住更长、更复杂的歌词,并且对歌词的词义理解有了长足的进步,在歌词的发音、咬字吐字方面也得到了更为完善的表现。

2. 音域方面

这个阶段的儿童歌唱音域通常已经能达到 c^1—c^2(C调的 1—$\dot{1}$)的范围了,个别的儿童音域甚至会变得更宽。

3. 旋律方面

随着儿童的不断成长,他们对歌唱的经验也得到不断的丰富,5—6岁儿童在旋律感的发展,尤其是歌曲的音准方面已经有了明显的进步。他们不仅可以比较容易地掌握住小三度、大三度和纯四、五度的音程等,还对级进、小跳、大跳等感觉不会太困难。实际上,这个阶段的儿童已初步建立了调式感。

4. 节奏方面

在歌曲的节奏方面,对于 5—6 岁的儿童来说,他们不但能够比较准确地表现出 2/4 与 4/4 的歌曲节奏,还能对三拍子歌曲的节奏以及弱起节奏有浅显的理解和掌握,而且还能较好地掌握带有附点节奏和切分节奏的歌曲。

5. 呼吸方面

相对于之前的各个阶段来说,这个年龄阶段的儿童,气息保持的时间已经算比较长的了,儿童能够按照乐曲的情绪自然地换气,同时,歌唱的音量也较之以前有了较为明显的增加。

6. 其他方面

这一年龄段的儿童具有一定的创造性歌唱表现意识,他们不但可以积极地参与到歌曲的创造性活动中来,还会努力地使自己的歌曲表现与众不同,其创编歌词、创编即兴小曲的能力也得到了极大的提高。

总而言之,随着儿童年龄的不断增长,歌唱经验的丰富,他们对歌唱活动的积极态度与初步的兴趣爱好逐渐得到巩固,歌唱的技能也进一步得到了发展,对歌曲结构的感受也逐步的合理、完善,能够从音高轮廓飘浮不定到准确地再现音高;音域由窄到宽;节奏从单调、散漫到丰富、有组织;调式感从模糊不定到准确……各方面的能力与表现都随着儿童的年龄增长、环境变化、教育引导等内外部因素的共同作用而逐渐向更合理、完善的方向发展。

二、幼儿的歌唱能力培养

(一)幼儿的音准能力

音准是演唱歌曲的基本要求,是一种必备的条件。由于歌曲的旋律是由具有一定音高的乐音构成的,如果音不准,那么唱出的歌曲就变得面目全非,也就没办法表达出歌曲的情感内容。但音准对于幼儿来说,的确是一件比较困难的事情。有的人曾经做过一项调查,在小班初期学唱一首短小的歌曲,无伴奏独唱时,只有8%的幼儿可以完全把握住音准;学期末时,再重复唱同一首歌,也仅仅只有20%的幼儿可以完全唱准。为什么幼儿难以掌握住歌唱的音准呢?其原因主要有下列三个方面:

(1)幼儿的听觉分化能力还很差,很难分辨出歌曲中音的高低,所以也就比较难准确地进行模仿;

(2)幼儿的大脑对发声器官的控制能力还很差,也就是说,有的音幼儿心里想唱准,但由于大脑不能很好地控制发声器官,因此还是暂时唱不准;

(3)幼儿的发声器官还没有发育完善,不能自如、准确地唱出音的高低。

综上所述,培养幼儿歌唱的音准能力还是一项长期、细致的任务。

在歌唱活动中,人们需要运用听觉器官检验、校正发声器官发出的歌声,由于幼儿不识谱、不认字,因此,听觉的印象就成了幼儿学习歌唱的重要依赖途径。歌唱中教师的演唱与琴声是幼儿获得听觉印象的主要来源。如果要培养幼儿歌唱的音准,就要从听与唱两个方面入手。这就要求教师的演唱一定要准确;同时还要注意教学过程中弹琴的音准;弹琴时不要让伴奏部分的声音太强,压过了主旋律,伴奏和声的配置也要简单、合理、有效,能够很好地去烘托歌声,否则和声配置一旦不当,主旋律就会被扰乱,那么也就很难会使幼儿听到清楚且准确的音乐旋律。此外,幼儿不仅要学会倾听教师的歌声以及琴声学唱歌,还要在集体的歌唱活动中学会边唱边倾听旁边小朋友的歌声。

(二)幼儿的音乐表现力

人的声音天生就具有一种特殊的表达和交流感情的功能。

人们情感上的喜怒哀乐都可以从声音的高低、长短、强弱、快慢、音色等变化中反映出来。唱歌无疑就把日常生活中的声音经艺术加工的去表达人们多种多样的复杂心情的一种方式。

幼儿歌唱的音乐表现力主要表现在幼儿的声音表情、面部表情及随着音乐而产生的自然的身体表情。培养幼儿歌唱的音乐表现力,首先一定要培养幼儿对歌唱的兴趣,激发、引导幼儿对所唱的歌曲产生情感上的共鸣,能够理解歌曲的情感与内容,并且还能够发自内心地将它们用歌声表现出来。这就需要借助声音的强弱、快慢、音色等各个方面丰富、细腻的表情变化,即必定掌握歌唱的表情手段,能运用音量的大小、力度的强弱、速度的快慢、音色的柔亮等方面的变化,来丰富歌唱艺术的表现力。

1. 优美的音质培养

音质优美是歌唱活动中最基本的要求,所以要从小就培养幼儿用自然的、好听的声音唱歌。所谓"自然的声音",实际上就是在讲话的基础上放松地唱出高低、长短、强弱不同的音。幼儿开始学唱歌时,基本上都是采用说话的方法来进行的,3岁的幼儿唱歌时往往是一种有唱有说的形式,唱中带说。

培养幼儿使用"自然的声音"唱歌,就是要培养幼儿喉部能够放松、自然地去发声,既需要防止过于轻声,也需要防止喉部十分紧张、用力地大声喊唱。那些胆小、含羞、自信心不足的幼儿在歌唱时常常会比较拘谨、紧张,音量也就比较小,不能够自然地通过歌声来表达情绪或情感,这就需要纠正。相反,大声地喊唱不但会对幼儿的声带造成损伤,更会破坏幼儿对音乐的感受,对控制声音的强弱来表达歌曲的情感与内容十分不益。所以,在幼儿还没有学会喉部放松、自然地发声之前,不能轻易地要求幼儿大声地唱歌。

2. 清晰地吐字培养

吐字是表达歌曲的内容与情感的一个重要环节,歌唱时需要吐字清楚,但是也要防止夸张与做作,让人感到不自然。吐字会受到歌曲的旋律音高、节奏的制约,唱出的字要有一定的高低长短,对幼儿而言,吐字清楚要比说话、念儿歌更加困难。幼儿唱歌吐字不清的主要原因有下列几点。

首先,因为吐字器官的配合调度不恰当,个别的字音咬不准、吐不清;

其次,因为对歌曲的词意没有理解,吐字也变得含混不清;

再次,因为歌曲的词曲配合不上口,所以导致幼儿歌唱时的发音吐字比较困难;

最后,因为歌曲的速度比较快,个别的乐句节奏短促或者一字数音,导致幼儿要将字唱得清楚就比较困难。如果要教幼儿吐字清楚,就要培养幼儿吐字器官唇、齿、舌、喉之间相互配合、协调动作。

3. 良好姿势的培养

歌唱的声音表情和歌唱的姿势、呼吸之间都存在着直接的关系。歌唱的姿势是否正确会直接影响到歌唱时的呼吸与发声,影响歌唱的质量。

正确的歌唱姿势应该是全身肌肉都要放松,但是也要有一定的控制、警觉性。站着唱歌时,身体的重量要合理地分配到两腿上,重心也要稍往前些,挺胸收腹,两肩稍微向后,双手要自然下垂到体侧。坐着唱歌时,身体要尽量地坐直,双手也要放于膝盖之上,两脚呈自然分开状,一前一后。唱歌时的头部姿势要自然,保持正直,目视前方,不可低头,也不能过分抬头,更不能故意地摇头晃脑。要让颈部、喉部自然放松,便于发声器官正确、灵活自如地活动。

口形是直接影响发声的一个重要环节。正确的口形应是一个垂直的长圆形,让声音圆而不散,而并非是嘴角朝两边延伸的扁圆形,这是因为,扁圆形的口形发出的声音扁平且难听。唱歌的口形应随咬字吐词的需要而灵活地变换姿势与动作,尤其是唇、舌的动作也要十分的灵活,下颌放松,口要自然张开,但是也不能张得过大,嘴唇的动作要保持自然,不能含着嘴唱歌,下巴要随之放松地上下活动,不能夸张、做作。口形的变化还会牵动口腔、咽腔等多个腔体的变化,直接影响歌唱声音的质量。

(三)协调一致能力的培养

这是指在集体唱歌时,幼儿可以把自己的歌声和谐地与集体歌声融入在一起,既不能超前,也不能拖后,不让自己的声音突出在集体的歌声以外,这其实也是需要在歌唱活动中重点培养的能力之一。在幼儿学会整齐、和谐地齐唱的基础上,可以让幼儿慢慢地学习分组唱、领唱、二部合唱、轮唱等各种不同的演唱形式,并且还要培养幼儿慢慢地学会听琴,学会听前奏、间奏演唱。如二部合唱曲《小乌鸦爱妈妈》(张牧词,何英曲)(例3-1)、《幼儿园里新事多》(贺嘉词,汪玲曲)等。

例 3-1

小乌鸦爱妈妈

张牧 词
何英 曲

$1=F\ \dfrac{2}{4}$

```
| 5 5 5 5 | 3 6 | 5 - | 3 - | 4 4 4 4 | 4 6 | 5 - | 2 - |
  路边 开 放野菊花,    飞来 一只小乌鸦,
  他的 妈 妈年纪大,    躺在 屋里飞不动,
  多懂事 的小乌鸦,    多可爱的小乌鸦,
| 3 3 3 3 | 1 4 | 3 - | 1 - | 2 2 | 2 - 2 | 7 2 7 - | 5 - |

| 3 3 3 3 | 3 3 - | 5 - | 5 5 5 5 | 5 3 | 1 - | 1 0 :||
  不吵 不闹不玩耍 呀,急急 忙忙赶回家。
  小乌 鸦呀叼来虫 子,一口 一口喂妈妈。
  飞来 飞去不忘记 呀,妈妈 把它养育大。
| 1 1 1 1 | 1 1 | 5 - | 5 - | 3 3 3 3 5 | 5 | 1 - | 1 0 :||
```

第三章　幼儿声乐的教学方法

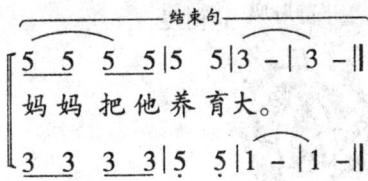

第三节　幼儿歌唱发声练习

一、幼儿的发声器官

儿童的发声器官和成年人的一样，主要是靠喉部来发声的。只不过儿童的喉头与声带要比成人的喉部和声带小一半左右。但是，孩子们的声带也与他们自身的身体发育一样，会随着他们年龄的不断增长、身体的持续发育而产生新的变化，最终也会渐渐地发育成熟。所要注意的是，儿童阶段的声带非常脆弱、柔嫩，所以，在发声的时候一定要注意保护好嗓子（图3-1）。

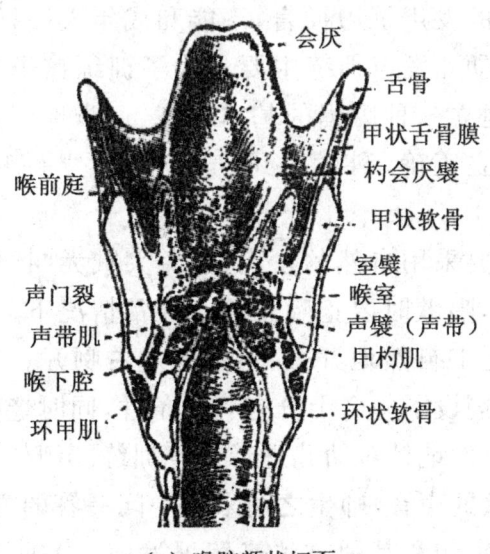

（a）喉腔额状切面

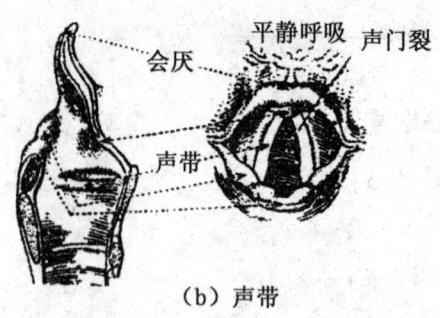

(b) 声带

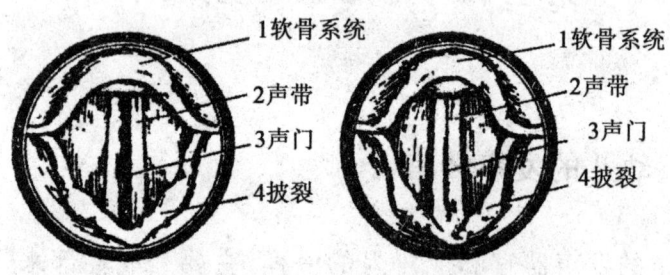

(c) 发低音(左)和高音(右)时的状态

图 3-1 儿童喉部结构图(部分)

二、幼儿发声练习的要求

针对幼儿的发声练习而言,不能和成年人一样进行大量、高强度的训练。幼儿发声训练主要是为了训练孩子如何掌握歌唱的基本唱法,建立一种歌唱的基本状态,逐步地纠正幼儿不良的歌唱习惯,树立正确、科学的用声习惯,建立一种正确的声音观念。

幼儿唱歌要采用自然的发声,避免大喊大叫,低声区不要压抑或娇柔造作,唱歌时要把嘴张开。通常情况下,口呈现一个圆形或椭圆形,上下自然地开合,不能向左右咧开。正确的口形为发声自然圆润创设了一个十分有利的条件,同时老师还应该有自己的计划,有目的地针对幼儿进行发声训练。例如模仿动物的叫声,或其他形象的声音,师生之间采用一问一答的方式进行练习,或采用带词的短句和其他方法来练习发声。下面我们通过一些例子来进行分析,并提醒儿童在训练过程中需要注意的一些事项。

例 3-2

中速 连贯地

1 2 3 4 | 5 — | 5 4 3 2 | 1 — ‖
小猫 睡着 了　　m
我的 小娃 娃　睡 着 了

发声训练要求:呼吸要保持平稳,声音也要保持连贯、自然,一字多音处要唱准音调。可移调练习1=C或F。

例 3-3

中速 稍快

5 6　5 6 | 5 5　3 | 5 3　2 2 | 1 — ‖
小猫 小猫　喵喵喵　小猫 喵喵　喵
小鸭 小鸭　呷呷呷　小鸭 呷呷　呷
小鸡 小鸡　叽叽叽　小鸡 叽叽　叽

发声训练要求:要做到声音自然、明亮、连贯,唱高音用一些假声,不可喊叫,保持咬字吐字的清楚。也可以移调练习1=C或F。

例 3-4

中速 稍快

1 2 3 4 | 5 0 5 0 | 5 — | 5 4 3 2 | 1 0 3 0 | 1 — ‖
小朋友们　起 得 早,　太阳公公 咪 咪 笑。
月亮婆婆　坐 树 梢,　小朋友们 睡 觉 了。

发声练习要求:要随着旋律的起伏而渐强、渐弱,速度稍快,连音、断音、咬字吐字要十分清楚,在"睡觉了"句子上要稍慢减弱且轻巧。可以移调练习1=C或F。

例 3-5

　　稍快

　　1 2 3 4 | 5 6 5 | 5 4 4 3 2 | 1 3 1 ‖
　　我放 鞭炮 噼噼啪，噼啪啪 噼啪 噼啪啪。
　　拖拉机　突突突，突突突 突突 突突突。
　　摩托车　嘟嘟嘟 嘟嘟嘟 嘟嘟 嘟嘟嘟。

发声练习要求：唇、舌吐字要灵活、清楚，快速练习，初练时可稍慢，逐渐转为快速练习。可以移调练习 1＝C 或 F。

例 3-6

　　中速稍慢 连贯地

　　1 2 | 3 4 | 5 6 | 5 — | 5 4 | 3 2 | 1 3 | 1 — ‖
　　河里 小鱼 游呀 游　 摇摇 尾巴 点点 头。

发声练习要求：声音连贯，形象、活泼，咬字清晰。

例 3-7

　　中速

　　1 2 3 4 | 5 6 | 5 — | 1 — | 5 — | 1 — | 1 — ‖
　　火车火车 到站 了，　呜　 呜　 呜　 呜。

发声练习要求：吸气深入，呼气有力，控制气息，头腔有共鸣。移调练习 1＝♭B 或 D。

例 3-8

　　欢快地 中速稍快

　　5 5 5 | 5 5 5 | 3 5 6 5 3 | 2 3 5 | 1 2 3 4 |
　　啦啦 啦 啦啦 啦 我们 大家　 来唱歌 啦啦啦啦
　　5 — | 5 4 3 2 | 1 — ‖
　　啦　 啦啦 啦啦 啦。

发声练习要求：声音要有弹性。咬字清晰，注意气口。

例 3-9

稍快 活泼地

5 3 4 2|3 —|5 3 4 2|3 —|5 3 4 2|5 3 4 2|
大雨 哗啦 啦　小雨 淅沥 沥　哗啦 啦　淅沥 沥
5 3 4 2|1 1　1|6 6|5 5　5 4|3 3　3 4|5 —|
大雨 小雨 快快 下　大 雨 哗啦 啦　小雨 淅沥 沥
6 6|5 5　5 4|3 3　3 4|2 —|5 5　5 3|5 5　5 3|
大雨 哗啦 啦　小雨 淅沥 沥　哗啦 啦　哗啦 啦
4 4　4 2|4 4　4 2|5 4 2‖1 1　1‖
淅沥 沥　淅沥 沥　大雨 小雨 快快 下。

发声练习要求：注意歌词的内容意境，处理好声音的强弱变化。声音要有一定的弹跳性，咬字吐字也要清晰、简练。

例 3-10

中速 欢快地

1 1　2|3 3　4|5　5 6|5 — —|5 5　1|5 5　3|2 2　3|1 — —‖
蓝蓝的 天空中 小鸟 飞，　飞 呀 飞　呀 飞　呀 飞

发声练习要求：掌握三拍子旋律，声音流畅，抒情优美，一字两音要连贯。移调练习 1＝ᵇB 或 C。

第四节　幼儿歌曲的学习与教学

一、幼儿歌曲的学习

幼儿歌曲的学习是幼儿接触音乐教育的一个重要方式，幼儿对音乐的学习需要具备一定的技能，同时也需要有一定的学习指导和创作。

(一)幼儿歌曲学习所需的技能

1. 身体动作技能

单纯的身体动作技能主要有三类：①非移动性的身体动作，指身体在私人空间或固定的位置上做出的一系列动作。②移动性的身体动作，指的是身体在公共空间中做到处的移动，如步行、双脚跳、蹦跳等。③和物体共同完成的身体动作，指的是身体伴随着物体做非移动或移动的动作。

上述的这三类身体动作技能，涵盖了通常意义上所指的舞蹈动作、律动、身体打击等。在无音乐或有音乐的情境中，幼儿能去学习这三类身体动作是一个很重要的过程，这是因为它们是音乐表达的重要工具。不同音乐形象的展示要有不同的身体动作加以配合，当幼儿接触过所有的身体动作类型之后，为音乐寻找到一个合适的动作就相对要容易多了。此外，同一音乐用由易到难的动作来表达时，幼儿的音乐经验也会获得一定程度的有序积累。应该说，从单纯的身体动作技能到音乐动作技能是有一个大的转化过程的，将幼儿的身体动作技能转化成音乐动作技能，是我国幼儿园音乐教育过程中的一个重要任务。我们常常会针对具体的一类动作或一类动作中的某一个动作来寻找音乐作品和游戏方式，其主要的目的是使幼儿将动作技能和音乐之间进行合理的结合。例如，一首歌曲很简单，采用的是中速来演唱，我们会让幼儿先坐在那儿拍拍手、拍拍身体，这时，唯一的要求就是要合拍。然后，还是合同一首曲子的拍子，但是动作技能的难度会相应地加大。这个时候，身体的动作就会变成走路，这种情况下，要达到和音乐的合拍就变得更难了。之后，再让幼儿边走路边做手上的动作或转圈等，如果幼儿仍然能够比较自如地合拍的话，那么，我们就可以说幼儿已获得了有关中速音乐的合拍经验。

从这一意义上来看，教师需要做的就是用音乐作品去合幼儿的动作能力，即选择一个较合适的音乐和活动方法，逐渐地将幼

第三章　幼儿声乐的教学方法

儿的动作技能转化为音乐的动作技能。当幼儿可以十分自如地将三类身体动作技能和音乐的特性表达相匹配时，我们就可以说幼儿已经具有了相当不错的音乐素养。

2. 嗓音表达技能

和音乐的动作技能是以身体动作为前提一样，嗓音表达技能也同样是以嗓音的技能为前提的。在音乐的动作技能和身体的动作技能之间的关系上，幼儿园是过度重视身体动作技能而忽视音乐动作技能，或者说将身体动作技能和音乐动作技能相互混为一谈了。相反，在嗓音表达音乐技能与嗓音技能的关系上，幼儿园则完全不去理会嗓音的技能，只要求幼儿能够在音乐的歌唱时具有一定的表现力。幼儿的嗓音技能是指幼儿用头腔共鸣的能力，换言之，是指幼儿主动发出的头声能力。绝大多数的学前儿童发声呈现出的自然状态就是头声，不过，问题在于这是在幼儿的无意识状态下。所以，在嗓音表达歌唱技能方面，我们还有大量的工作要做，如选择需要大量的角色表演的故事，通过童声、男低声、中声的发声体验，来感觉童声是怎样发出的，一旦发出这种声音又该怎样稳定地保持住。又如，通过让幼儿模拟发出尖锐的声音去体验头声等。具有头声嗓音技能的歌唱是具有音乐表现性歌唱的物质前提，运用头声符合音乐特性的歌唱，就是嗓音表达音乐技能。

3. 打击乐器技能

打击乐器技能与人们对打击乐器的敲打动作技能是不同的。单纯的对打击乐器敲打动作技能是指将注意力基本上全部集中在对打击乐器的拿法和打击的方法之上，所以没有别的心理能量用在音乐方面。目前，幼儿园的教学现状是教师太过于关注对打击乐器的拿法和打击方法的教学指导，认为幼儿不能够根据教师教的方式拿乐器和打击乐器的话，就是错误的，就一定要幼儿改过来才行。实际上，幼儿园的打击乐器更多的是幼儿表达音色、节奏型、速度、曲式等方面的思维的工具,只要幼儿可以将把音乐的形象很好地表达出来,怎么拿乐器和怎么打击乐器其实是没有那么重要的。符合音乐性的演奏才是音乐的技能,不管打击的动作如何漂亮、如何符合教师的要求,一旦和音乐相悖的话,它也只能算是一种单纯的对打击乐器的敲打动作技能而已,与音乐之间不存在任何关系。

4. 即兴音乐技能

上述所提到的三类技能或能力都能够在两种情境中完成。一是通过模仿来完成,主要是以教师为榜样,将动作技能或嗓音技能或对打击乐的敲打技能和音乐之间匹配起来;另一种是通过主动创造来完成,即让幼儿自己将音乐和技能之间匹配起来。例如,让幼儿听一段音乐,主动用合适的身体动作来合音乐;又如,对于用动作表达过的一段音乐,幼儿自主性地再用打击乐器表达出来。在这些情况下,幼儿表现出来的音乐技能或音乐能力就是音乐的即兴技能,也是幼儿运用音乐思维或音乐的经验来获得的一种十分重要的标志。在幼儿园的音乐教育活动中,音乐学习的最后目标就是使幼儿能够进行音乐即兴表演,幼儿的即兴表演能力越强,则幼儿的音乐经验也就相应地越丰富。

(二)幼儿歌唱学习的创造活动

1. 为歌曲创编动作

这是幼儿歌唱活动中最为常见的方式之一。边唱边动是幼儿年龄特点的一种集中表现。通常来说,那些歌词比较具体、动作性比较强或者叙事风格十分明显的歌曲都能够巧妙地引发幼儿的联想与想象,从而能够为歌曲编出生动、形象的动作。

边唱边表演的动作难度可以随小、中、大三个年龄班而有所不同。小班的幼儿可完全按照歌词的提示进行创编,大家都做同样的、简单的动作。

例 3-11

拍拍踏踏

李晋瑷 词曲

$1=C \dfrac{4}{4}$

3 5 3 - | 1 2 3 - | 3 5 3 2 | 1 2 3 - |

拍 拍 手，　　踏 踏 脚，　　拍 拍 手，　　踏 踏 脚，
拍 拍 手，　　拍 拍 腿，　　拍 拍 手，　　拍 拍 腿，
拍 拍 腿，　　踏 踏 脚，　　拍 拍 腿，　　踏 踏 脚，

2 3 1 1 | 3 4 2 2 | 5 6 5 4 | 3 - 2 - | 1 - - 0 ‖

拍手踏脚，拍手踏脚，拍拍手　踏踏　　脚。
拍手拍腿，拍手拍腿，拍拍手　拍拍　　腿。
拍腿踏脚，拍腿踏脚，拍拍腿　踏踏　　脚。

中大班的动作创编则可在小班完全根据歌词提示表演的基础上，在幼儿已经积累了一定的用动作去表现情绪情感的经验，并掌握了初步的律动与舞蹈动作语汇的前提下，为幼儿提供一种适当的依据歌词发挥想象、自编动作的余地。

例 3-12

举你的右手摆一摆

赵锦水 改词

$1=F \dfrac{2}{4}$

5 3 | 1 - | 3 1 | 5 - | 5 1 3

来 来 来！　　朋 友 们！　　举 你的
来 来 来！　　朋 友 们！　　把 你的

5 3 | 4 6 | 5 - | 5 3 | 1 - |

右 手 摆 一 摆，　　向 前 摆，
身 体 摆 一 摆，　　向 右 摆，

3 1 | 5 - | 5 1 3 5 3 | 4 2 | 1 - ‖

向 后 摆，　　绕 一 个 圆 圈 跟 我 来。
向 左 摆，　　绕 一 个 圆 圈 坐 下 来。

当然，这首歌也可以改为《举你的左手摆一摆》（或左脚、右脚等）。

而《小小鸭子》这首歌曲则有鲜明的形象、动作性强的特点，歌词对动作有比较强的暗示性。但是幼儿还不能够直接地用动作去表现歌词，而必须要根据歌词来发挥一定的想象与联想，才可以编创出恰当的动作。这类歌曲比较适合中班的幼儿来创编。

例 3-13

小小鸭子

任致荣 词
韩德常 曲

$1=D \quad \dfrac{4}{4}$

1	2	3	3	3 5	3 5	3	-	1	2	3	3
小	小	鸭	子，	呷呷	呷呷	叫，		走	起	路	来
小	小	鸭	子，	呷呷	呷呷	叫，		洗	起	澡	来
小	小	鸭	子，	呷呷	呷呷	叫，		大	家	玩	得

3 5	3 5	2	-	3.	2	1	-	1.	2	3	-
真	好	笑。		摇	摇	摆，		摆	摇	摇，	
身	体	好。		洗	洗	洗，		擦	擦	擦，	
哈	哈	笑。		摇	摇	摆，		摆	摇	摇，	

3 5	3 5	3	5	3	2	1	-
走	到	水	里	去	洗	澡。	
快	快	洗	来	快	快	擦。	
回	到	家	里	去	睡	觉。	

2. 变换歌曲演唱形式

不同的演唱形式能够表达不同的演唱效果。对幼儿学过的歌曲来说，能够启发他们变换出新的演唱形式，帮助他们很好地理解歌曲，以此来提高他们歌唱的表现力，从而达到用歌声表达歌曲的内容、情绪、情感的主要目的。这种形式对幼儿歌唱能力的培养以及节奏感、曲式感等不同表情的控制能力，都有很大的帮助。演唱形式的丰富可以为幼儿提供参与、表现和创造的重要机会,面向每个幼儿,让每个幼儿都能在其原有的水平上获得更大的进步与发展。

　　变换演唱的形式方法有很多。例如可采用接唱的方法,把一首歌曲分成几句,由几个幼儿或几组幼儿来一句一句地接唱。在接唱的过程中,幼儿一定要集中注意力,让自己的调子、节奏、速度都能与前面的同学保持一致,并且还要能够及时地接上,没有缝隙,唱的时候保持连贯、流畅。这样不但能提高幼儿的演唱水平,还可以引起幼儿极大的演唱兴趣。既培养了幼儿的曲式感,又培养了幼儿的协调一致能力,如《小鼓响咚咚》。

例 3-14

小鼓响咚咚

李重光 曲

$1=C \quad \dfrac{3}{4}$

亲切地

```
 3 5 6  5 | 3 5 1  - | 3 5 1̇ 6 | 3 6 5 - |
1. 我的小  鼓    响咚咚,      我说话儿    它都懂。
2. 哎哟哟       这不行,      妹妹睡在    小床中。

 1̇ 1̇ 1̇· 6 | 5 5 3  - | 2 3 6 5 | 2 2 1 - ‖
我说"小   鼓  响三声",     我的小    鼓  咚咚咚。
我说"小   鼓  别响了",     小鼓说    声  "懂懂懂"。
```

3. 为歌曲创编伴奏

　　在组织幼儿进行创造性歌唱活动中,教师能够引导幼儿采用拍手、说白、节奏乐器演奏等多种方式为学过的歌曲进行伴奏,丰富并提高歌曲的艺术表现力,如《哈巴狗》。

例 3-15

哈巴狗

1=C $\frac{4}{4}$

```
1 1 1 2  3  - | 3 3 3 4 5  - | 6 6 5 4  3  - | 5 5 2 3  1  - ‖
一只哈巴狗，    坐在大门口，    眼睛黑油油，    想吃肉骨头。
一只哈巴狗，    吃完肉骨头，    尾巴摇一摇，    向我点点头。
```

(1)可以用手拍出节拍，为歌曲进行伴奏：× × × × |
(2)可以用手拍出节奏，为歌曲进行伴奏：×× ×× × — |
(3)可以创编出新的节奏型，拍手为歌曲伴奏：

×× ×× × × |
× × ×× × |
× ×× × × |

(4)可依据上面所提到的各种不同的节奏类型，配上不同的节奏乐器来为歌曲进行伴奏。

4. 为歌曲增编新歌词

可以在幼儿的学习过程中引导幼儿为已学过的歌曲增编新的歌词，至少能够体现出下列四个方面的教育意义：

(1)巩固幼儿的词汇，对幼儿使用词汇的能力进行训练；
(2)使幼儿的联想、想象更为丰富，提高了幼儿的思维发散能力；
(3)在对歌词的替换中，可以让幼儿更好地熟悉歌曲的旋律、掌握歌词的音准；
(4)幼儿演唱自己所编词的歌曲，可以帮助他们体验到创造的乐趣，从而也能体验到精神上的成就感。

但是并不是所有的幼儿歌曲都可以增编歌词。通常是那些歌词的内容紧凑、富有韵律感、中心词突出的歌曲，才能给幼儿创编歌词提供一定的联想发挥与创造可能性机会，如歌曲《小朋友想一想》。

例 3-16

小朋友想一想

潘振声 词曲

1=C 2/4

```
1 2  3 | 1 2  3 | 3 2  3 4 | 5  6 | 5 - |
小朋友  想一想,   什么动物   鼻子   长?
小朋友  想一想,   什么动物   耳朵   长?

5 6  5 | 4 3  2 | 5 6  5 4 | 3  2 | 1 - ||
鼻子长  是大象,   大象鼻子   最 最   长。
耳朵长  是白兔,   白兔耳朵   最 最   长。
```

除了这类的歌曲之外,还有很多歌曲如关于环境、人性、幽默等的歌曲也比较适合改编。

二、幼儿歌曲的教学

(一)幼儿歌曲教学的原则

1. 以"美"为核心的审美原则

学前儿童的音乐教育应该是一种以审美为核心的教育,它应以美的形式、美的内容等进行组织,通过美的活动在潜移默化中赋予幼儿一种审美的态度、眼光与情怀。音乐是一种声音的艺术,学前儿童的音乐教育活动一定要充分发挥其基本的特征,注意音乐的声音质量以及音响的效果,注意歌唱与乐器演奏的音色美,引导幼儿用耳朵、心灵倾听音乐、感受音乐。

2. 音乐性、知识性与技术性相统一

学前儿童音乐教育其实不是单纯音乐知识的教育,也不是单纯的音乐技能技巧教育,而是包括了方方面面的教育模式,如音乐的教育、情感的教育等。

3. 感性教育原则

音乐是一种情感的艺术,情感贵在真实、朴素、自然。学前儿童的音乐教育应当追求返璞归真的境界,而摒弃哗众取宠的态度,应当紧紧围绕情感这一核心,用教师自己对作品、对音乐、对艺术、对孩子的真情实感来感染、影响幼儿,而不是单纯地去追求表面的、外在的、肤浅的、毫无持久生命力的东西。

所以,学前儿童的音乐教育在活动的组织与方法的使用上,应该充分运用感性的教育方式,教师需要切实地从音乐这个核心点出发,而不是只从外在的、表面的形式方面出发,同时还要注意选择与运用感性生动的教学内容、方法与手段。此外,音乐不但是最具形象化的艺术形式,同时它也是最具抽象化的艺术形式。

4. 面向全体与尊重个性相结合的原则

学前儿童的音乐教育应该注意面向全体,面向每个幼儿,为每一个发展潜质不同的幼儿提供一个形式与难度各异的表演、表现机会。但是,音乐又是一种最具有个性化的艺术形式,所以,毫无疑问,学前儿童的音乐教育也需要成为富有教师鲜明个性的教学活动,要充分尊重并爱护幼儿在艺术活动中的表现,尊重个体的差异,并使他们能在音乐的活动中拥有很好的发展。

学前儿童音乐教育应是一种开放式的、充满活力的形式,而不应是一种封闭的、死气沉沉的状态,歌唱教育应该引导幼儿去关心与参与到身边的、家庭的音乐生活中去,而家庭、学校也应该给予积极的、正面的引导与教育。在一些有条件的幼儿园中,还可组织一些音乐兴趣小组,尽量地丰富孩子的音乐生活,使幼儿园音乐的教育得到相对有效的延伸。

(二)幼儿歌曲教学的过程

幼儿掌握一首歌曲有一个循序渐进的过程:首先是要学会歌词,接着才是音乐的节奏,之后才发展到学习旋律轮廓与音程。

而这一过程具体能够描述为下列四个重要的阶段：

首先,掌握歌词的阶段。能够理解和歌词结构关系比较密切的乐句、乐段结构。节拍感、基本的速度感已建立。

其次,掌握音乐的节奏阶段。能够用打击乐演奏出歌曲的节奏,歌唱的时候基本做到节奏、句逗的准确,但是音高还只是近似,音程仍然不是十分准确,也没有调性的稳定感。

再次,大致可以掌握音高的轮廓阶段。每一乐句的音高轮廓已经能够唱出来,但是乐句之间、乐段重复之间依然缺乏调性的稳定感,每次转换都可能改变音程。

最后,初具调性感阶段。前面的三个阶段所取得的成绩在这个阶段得到了巩固。尽管音程上依然还不准确,但是已初具调性的稳定感;儿童可以从节奏中抽出节拍,可以理解并在一定程度上运用速度的变化来表达不同的情感,如用比较慢的速度去表达人的悲伤情绪。

第五节　儿歌教学需注意的问题

在学前儿童音乐教育中,我们如果想要真正地做到教音乐,并能够通过音乐来教育的话,那么就必须把教育的观念与教材、教学的内容等扎实地落实到每一个音乐活动中去。究竟怎样才能在每一次音乐活动中,在幼儿教育课程的实施过程中,确保幼儿不但能够学到音乐,同时也能受到教育呢?

学前儿童教学课程的实施,主要有下列几个问题需要注意。

一、教学条件不佳

充分改善幼儿园的音乐教学设备设施,配置必要的电教设备,如钢琴、键盘乐器、节奏乐器、投影仪、教学挂图、卡片等。

当前,不少幼儿园钢琴的音准与节奏乐器的音色都不尽如人意。这充分地说明了我们对音乐作为声音艺术的这一特殊性的认识还不充分。那么,使用音色难听、音准较差的乐器又怎么能够培养幼儿形成敏锐、准确的音乐听觉呢?

二、教育观念落后

学前儿童的音乐教育课程其实不是一种单纯的知识与技能方面的培养,尤其要注意是培养幼儿的内心体验与审美感受,用音乐本身来打动人、教育人,而不单单依靠语言去解说音乐。要注意幼儿的主动参与,注意培养幼儿的创造意识、创造能力等,重视幼儿的全面发展,努力实施整体性教育目标,潜移默化地将音乐教育与幼儿的品德教育、情感教育和个性培养等方面的教育内容有机地结合起来。

要重点说明的是,近年来在学前儿童音乐教育的理论观念上,尽管有了十分明显的改进,但是在音乐的教学实践中还依然没有完全脱离"表演"的窠臼,在歌唱教学活动中,对教学过程本身的展示,教师教的过程,或教师引导或指导的过程,幼儿学习与体验的过程,即如何解决问题的过程还是没有得到应有的重视和体现,学前儿童音乐教育课程仍然存在一定程度的表演痕迹。

三、教学内容单一

学前儿童音乐教育活动除了歌唱以外,还应该创造生动有趣的唱游、律动、游戏、舞蹈、表演等。可以以一种比较有趣、有效的适当形式将节奏的训练、听觉的训练与发声练习贯穿到音乐教育的始终;采用灵活多样的教学形式培养儿童的多声部音乐听觉能力,从而开展多声部声乐的练习。音乐创编活动也有很多种形式,如自己为新歌曲命名,自己选择、发明不同的演唱形式,自己设计歌曲的节奏型等。

除此之外,音乐的欣赏活动也应是多样化、具体的、主动的,而同时要注意对幼儿记忆音乐作品的主题旋律加以引导,让幼儿感受音乐作品的情绪表现。

四、教学方法停滞

学前儿童音乐教育应努力按照两大特点——教材特点和教学对象的年龄特点进行,并在这两个基础上选择适当的教学方式,改变过去的教学方法。

音乐教学从原来不讲求方法到现在注重方法,可以算得上是一个重大的进步了,但是,所要注意的是方法仅仅是学习的一种手段,并不是学习音乐的最终目的。当然,手段也是为达到目的而服务的,因此,不能简单地为了方法而方法。在方法和手段的使用上可知,目前有不少教师对音乐之外的形象性与生动性十分注重,但是却脱离了音乐所具备的原有本意。例如,音乐教学活动中采用的绘画、投影等辅助手段运用过多,语言的讲解往往达到了喧宾夺主的地步,语言讲述也繁琐、不精练,甚至有很多是单纯地为了增加音乐的趣味性而造成比喻不当的现象。例如,把四分休止符称为"哑巴大虫",用爷爷、爸爸、弟弟等对不同时值的音符加以命名,实际上这都是欠妥的。

除此之外,教学的内容也过于艰深,且这一现象还时有发生,有的幼儿园甚至还在歌唱教学活动中不恰当地教授很多生硬的乐理知识。

总体上来看,目前的学前儿童音乐教育所存在的根本问题是:在音乐教学中,音乐自身所蕴含的美与力量的深入挖掘还不够深入,而对歌唱教学的改革也过多地关注了音乐表面的教学方法、形式和内容,没有或极少在深层次上、根本上对音乐的美做出分析。

第四章　幼儿歌曲的弹唱方法

歌曲弹唱是指根据歌曲旋律在键盘上作出即兴编配、弹奏，并边弹边唱，从而用琴声带动歌声，并与歌声共同塑造音乐形象。歌曲在伴奏的烘托下，会更富有成效地增强旋律感、节奏感，从而激发儿童的演唱兴趣。

第一节　大小调儿童歌曲弹唱

一、大小调式的概念

(一)调式的定义

几个音按照主次、高低、稳定、不稳定、倾向、解决等各种关系结合在一起，并以其中一个最稳定的音为中心，也就是我们通常说的主音，构成一个音组织，这个音组织就叫作调式。

主音在调式中起核心与主导作用。主音的特点是稳定，调式中的其他音都是围绕主音而进行的。主音的稳定性集中表现在以主音结束乐曲时，使人有最稳定、最完满的感觉。

调式中的音，由主音到主音，按高低次序排列起来，这就是音阶。调式音阶多种多样，通常用得比较多的有自然大调、自然小调、和声小调、旋律小调以及五声调式，等等。

(二)大调式

1. 大调式的类型

大调式是七个音构成的调式,其Ⅰ、Ⅲ、Ⅴ级是稳定音级。主音与上方三度音构成的大三度,具有大调式的色彩。常见的大调式有自然大调、和声大调、旋律大调三种形式。

(1)自然大调

自然大调式是七个音构成的调式,其Ⅰ、Ⅲ、Ⅴ级是稳定音级,主音与上方三度音构成的大三度,具有大调式的色彩。在自然大调式中,主音与上方三度音为大三度,该大三度体现了大调式明亮的色彩。另外,主音与上方六度音构成大六度,主音与上方七度音构成大七度。因此,自然大调中有三个具有明亮色彩的大音程:大三度、大六度、大七度,它们也是大调式的色彩音程。

例 4-1

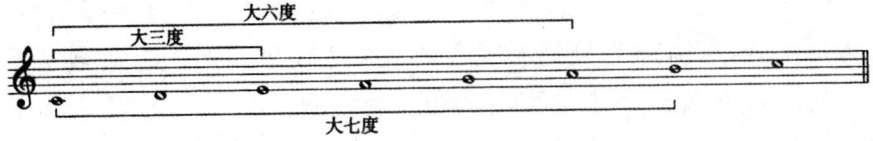

自然大调式作为一种音组织,在钢琴音乐创作中,具有明亮的基本特点,适合运用到表现明朗抒情、响亮有力的音乐作品中。

(2)和声大调

和声大调是大调式的另一种表现形式,其Ⅰ、Ⅲ、Ⅴ级是稳定音级,主音与上方三度音构成的大三度,也具有大调式的色彩。和声大调式与自然大调式音阶作比较,降低了第Ⅵ级,其主要特点是主音与上方六度音构成的小六度关系,第Ⅵ级与第Ⅶ级音之间是一个增二度音程。

例 4-2

和声大调式在 17 世纪末、18 世纪初开始应用,且应用范围有限。由于主音与上方六度音构成的小六度关系,自然大调中三个明亮色彩的大音程只剩两个,调式色彩的明亮因素被削弱了。因此,和声大调相比自然大调听起来比较暗淡,柔和,有小调的因素。

(3)旋律大调

旋律大调式是大调式的又一种形式,其Ⅰ、Ⅲ、Ⅴ级是稳定音级,主音与上方三度音构成的大三度,也具有大调式的色彩。旋律大调式音阶上行与下行是不相同的。上行时与自然大调相同,下行时降低调式中的第Ⅶ级与第Ⅵ级音。

例 4-3

旋律大调的产生晚于和声大调(约 19 世纪),它的应用也是有限制的。其主要使用在旋律下行时,旋律音由Ⅰ级到降Ⅶ级,再到降Ⅵ,再由降Ⅵ级进行到Ⅴ级,这是旋律大调的一种较为典型的进行方式。

在旋律大调中,旋律下行时由于降低调式中的第Ⅶ级和第Ⅵ级音,自然大调中三个明亮色彩的大音程,只剩一个主音上方的大三度,调式的明亮色彩被极大地削弱了,因此,旋律大调听起来比较暗淡、更像旋律小调,只有主音与上方三度音的区别。

2. 调式音级

在大调式各音级中(例 4-4),Ⅰ级是主音级,也是调式中最稳定的音级;Ⅳ级和Ⅴ级分别在Ⅰ级音的下方五度和上方五度,也就是下属音级和属音级。由于它们对主音级的稳定性起主要的支撑作用,因此,调式中的Ⅰ、Ⅳ、Ⅴ级称为正音级,Ⅱ、Ⅲ、Ⅵ级称为副音级,Ⅶ级则是导音级。

例 4-4

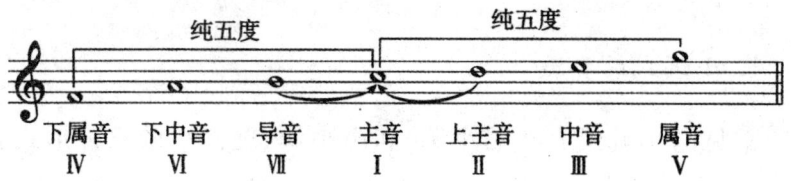

| 下属音 | 下中音 | 导音 | 主音 | 上主音 | 中音 | 属音 |
| IV | VI | VII | I | II | III | V |

3. 不同大调式音阶及各大调调号

不同大调式音阶结构表如表 4-1 所示。

表 4-1　不同大调式音阶结构表

调式音级	Ⅰ—Ⅱ	Ⅱ—Ⅲ	Ⅲ—Ⅳ	Ⅳ—Ⅴ	Ⅴ—Ⅵ	Ⅵ—Ⅶ	Ⅶ—Ⅰ
自然大调	大二度	大二度	小二度	大二度	大二度	大二度	小二度
和声大调	大二度	大二度	小二度	大二度	小二度	增二度	小二度
旋律大调（下行）	Ⅰ—Ⅶ	Ⅶ—Ⅵ	Ⅵ—Ⅴ	Ⅴ—Ⅳ	Ⅳ—Ⅲ	Ⅲ—Ⅱ	Ⅱ—Ⅰ
	大二度	大二度	小二度	大二度	小二度	大二度	大二度

大调式可以在任何音级上构成。除了无升降记号的 C 大调以外，还有七个升号与七个降号的大调。表 4-2 所示为带升降号的各个大调调号表。

表 4-2　带升降号的各个大调调号表

| G大调 | D大调 | A大调 | E大调 | B大调 | #F大调 | #C大调 |
| F大调 | ♭B大调 | ♭E大调 | ♭A大调 | ♭D大调 | ♭G大调 | ♭C大调 |

(三)小调式

1. 小调式的类型

常见的小调式有自然小调、和声小调、旋律小调三种形式。

(1)自然小调

自然小调式是七个音构成的调式,其Ⅰ、Ⅲ、Ⅴ级是稳定音级,主音与上方三度音构成的小三度,具有小调式的色彩。自然小调式音阶的特点是主音与上方三度音为小三度,这个小三度具有小调式的色彩。另外,主音与上方六度音、七度音分别构成小六度和小七度。因此,自然小调中有三个具有灰暗、柔和的色彩音程:小三度、小六度、小七度,这三个音程也是小调式的色彩音程。

例 4-5

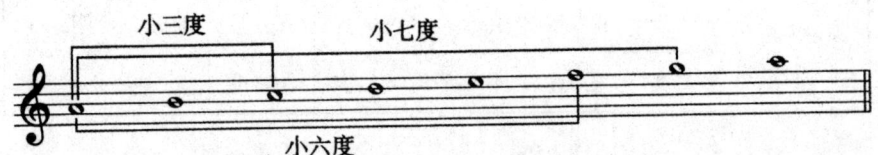

在钢琴写作实践中,自然小调有灰暗、柔和的基本特点,适合表现抒情、含蓄、忧郁和伤感的音乐情绪。

(2)和声小调

和声小调是小调式的另一种形式,其Ⅰ、Ⅲ、Ⅴ级是稳定音级,主音与上方三度音构成的小三度,具有小调式的色彩。和声小调与自然小调音阶相比,升高了第Ⅶ级,其主要特点是主音与上方七度音构成的大七度关系,第Ⅵ级与第Ⅶ级音之间是一个增二度音程。

例 4-6

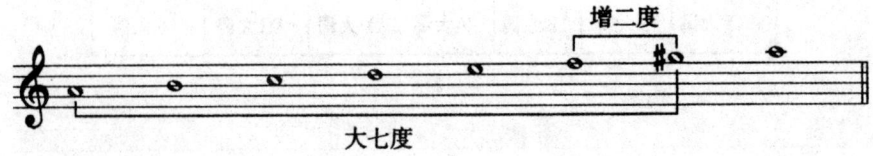

第四章 幼儿歌曲的弹唱方法

由于和声小调升高了第Ⅶ级音,小调中三个具有灰暗、柔和色彩的音程只剩两个,小调式暗淡、柔和的色彩被削弱了。另外,升Ⅶ级增加了一个大七度音程,因此,和声小调听起来有大调的因素。

此外,由于Ⅶ级音的升高,加大了导音的不稳定性和导音到主音的倾向性,极大地增强了主音的稳定性,这样一来,在和声序进中,使得自然小调的小属三和弦变成了大属三和弦,增强了和声力度,丰富了和声表现,从而为巩固调性起到了重要的作用。

(3) 旋律小调

旋律小调是小调式的又一种形式,其Ⅰ、Ⅲ、Ⅴ级是稳定音级,主音与上方三度音构成的小三度,具有小调式的色彩。旋律小调式音阶上行与下行是不相同的。上行时升高调式中的第Ⅵ级与第Ⅶ级音,下行时还原第Ⅵ级与第Ⅶ级音,与自然小调完全相同。

例 4-7

旋律小调的产生晚于和声小调,在实际应用时,不作为一种独立的调式形式使用,而是在小调音乐作品中为体现旋律的流畅和色彩的变化而使用。另外,由于升高第Ⅵ级与第Ⅶ级音,小调中三个色彩音程,只剩一个主音上方的小三度,调式灰暗的色彩被极大地削弱了。因此,旋律小调听起来有大调的因素,为了防止调性紊乱,下行时还原了Ⅵ级、Ⅶ级音,保持了小调式本来的调性特点。

2. 调式音级

在小调式各音级中(例 4-8),Ⅰ级是主音级,也是调式中最稳定音级。下属音、属音和在Ⅰ级音的下方五度和上方五度,它们对主音级的稳定性起主要的支撑作用。因此,调式中的Ⅰ、Ⅳ、Ⅴ级称为正音级;Ⅱ、Ⅲ、Ⅵ级称为副音级,Ⅶ级则是导音级。

例 4-8

3. 不同小调式音阶及各小调调号

不同小调式音阶结构表如表 4-3 所示。

表 4-3 不同小调式音阶结构表

调式音级	Ⅰ—Ⅱ	Ⅱ—Ⅲ	Ⅲ—Ⅳ	Ⅳ—Ⅴ	Ⅴ—Ⅵ	Ⅵ—Ⅶ	Ⅶ—Ⅰ
自然小调	大二度	小二度	大二度	大二度	小二度	大二度	大二度
和声小调	大二度	小二度	大二度	大二度	小二度	增二度	小二度
旋律小调（下行）	Ⅰ—Ⅶ	Ⅶ—Ⅵ	Ⅵ—Ⅴ	Ⅴ—Ⅳ	Ⅳ—Ⅲ	Ⅲ—Ⅱ	Ⅱ—Ⅰ
	大二度	大二度	小二度	大二度	大二度	小二度	大二度

小调式和大调式一样也可以在任何音级上构成。除了无升降记号的 a 小调以外，还有七个升号与七个降的小调。表 4-4 为带升降号的各个小调调号表。

表 4-4 带升降号的各个小调调号表

二、儿童歌曲的编配方法

儿童歌曲的编配方法主要体现在以下几个方面。

（一）分析调式

分析调式,确定主音在键盘上的位置,这是配奏中至关重要的一步。只有确定调式以后,才能确定其正三和弦的性质,如大调式的主和弦为１３５,下属和弦为４６１̇,属和弦为５７２̇,而小调式的主和弦则为６̣１３,下属和弦为２４６,属和弦为３５７。

（二）确定终止式

划分乐段和乐句,确定终止式。歌曲由乐段和乐句构成。一般的幼儿歌曲多为一段体,间或可见二段体。乐段通常由两个乐句或四个乐句构成,乐句长度一般为４小节。划分乐段、乐句时,歌词的段落和句逗常可作为参考。结构划分以后,应在句末、段落末构成终止式。

（三）配和弦

为旋律配置恰当的和弦时应注意的几个问题：

在配奏中,正三和弦始终是最基本也是最重要的和声材料。在一般情况下,仅用正三和弦就可以完成儿童歌曲的和声配置。有时也可适当加入副三和弦以增加其色彩。

(1)歌曲开头和结尾部分和声的运用：主和弦是决定调式与调性最重要的和弦。为旋律配置和声时通常在歌曲开始的第一个强拍使用主和弦,并且以主和弦作为全曲的结束。

(2)通常一小节或几小节选用一个和弦(在慢速的歌曲中也可选用两个或更多和弦),但在句末音上应该更换和弦,以构成终止式。小节中的强拍及次强拍常可变换和弦,而弱拍则常沿用强拍上的和弦。一般地说,频繁地更换和弦,既不方便弹奏,又可能造成和声纷乱的效果,应该避免。

(3)选用和弦时,应首先考虑旋律的和声内涵,把旋律中多数的音、长时值的音、强位的音处理为"和弦音",其余少数的音处理为"和弦外音"。此外还应考虑和声进行的逻辑性以及和声的节奏等。

为儿童歌曲配弹伴奏,以带旋律的伴奏织体为主,这有利于帮助孩子准确地把握旋律的音高及音准。

三、不同大小调的弹唱实训

(一)C大调与a小调

1. C大调

掌握以C为主音的正三和弦与属七和弦的原位及转位的和声连接,并掌握几种简单的伴奏织体。熟练掌握后十六分音符和附点音符的节奏,突出儿歌的情趣。正确区分连奏和断奏的弹奏方法。

在弹唱过程中,逐步掌握有气息支持的童声歌唱方法,配以合理的伴奏织体,在流畅的伴奏烘托下生动地弹唱幼儿歌曲。

(1)C大调正三和弦连接

通常情况下,以左手弹奏和弦根音,右手弹奏从原位主和弦开始的和弦平稳连接的方式,做大调正和弦的连接练习(V_7为大三小七和弦)。

例4-9

(2)左手简单伴奏织体类型

例 4-10　柱式和弦

（谱中的"＊"标记为和弦外音，此后就不再标记）①

例 4-11　半分解和弦

①

②

例 4-12　全分解和弦

①

②

---

① 当和声节奏比旋律音的节奏宽疏时，有时会在旋律中出现一些非和弦音，我们称之为和弦外音。在配置和声时，我们不必刻意去避免和弦外音的出现，因为合理地将一些旋律音处理成和弦外音是丰富和声实际效果的一种重要手段。

(3)练习曲

例 4-13

音阶歌

惊涛 词曲

练习提示：

①这首儿歌旋律整齐流畅，音阶性强，运用了后十六分音符及附点节奏形式，在演唱过程中，一定要把握好节奏变化。此首

儿歌主要采用了 o、e 母音,因此在教学过程中要加强歌词朗诵练习,注意咬字吐字清晰。弹奏旋律时要采用连音弹奏,指法安排合理,编配伴奏时以正三和弦为主。

②弹唱时要注意音色明亮、柔和,用不同的音色、不同的伴奏织体表现不同的角色。同时,我们还可以在第 15 小节左手加入反向音阶,与右手旋律形成对比,增加歌曲的情趣。弹唱时要注意儿歌的强弱变化,突出音阶上行和下行的特点。在伴奏织体训练中要求学生一直演唱儿歌,从而锻炼学生手口协调配合的能力。

2. a 小调

掌握以 a 为主音的正三和弦与属七和弦的原位及转位的和声连接,能够正确为儿歌编配伴奏。熟练掌握切分音和附点音符的弹奏方法。

在以小调式为主的幼儿歌曲弹唱训练中,学生基本能够了解小调式在幼儿歌曲中的和弦连接、弹奏方法及在旋律、色彩上的区别。在弹唱中,演唱与伴奏有效的结合突出表现小调式幼儿歌曲的特色及音乐风格,能够做到唱、弹融为一体。

(1)a 小调正三和弦连接

在自然小调中,由于属和弦是小三和弦,它所包含的音阶第七级音(音阶的导音)与音阶主音是大二度关系,所以属和弦(属七和弦较少使用)的不稳定性与朝向主和弦运动的倾向性都不强烈,所以 $V_m—IV_m$ 的进行可以较自由地使用。

例 4-14

(2)左手简单伴奏织体类型

例 4-15　柱式和弦

例 4-16　半分解和弦

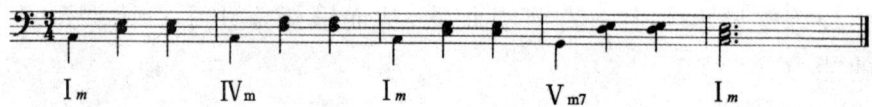

例 4-17　全分解和弦

(3)练习曲

例 4-18

花朵

圣野 词
杨春华 曲

第四章 幼儿歌曲的弹唱方法

练习提示：

①这首歌曲节奏欢快、旋律优美,可采用全分解和弦伴奏织体,突出注意三拍子的节奏。此首儿歌主要采用 a、ou 母音,在演唱中着重注意"花、朵、国、友"等字的吐字,可先有表情地朗读歌词。

②弹唱时注意旋律中的休止符,旋律要连贯流畅,注意分句。在整个训练过程中,要注意弹与唱的有效配合,把歌曲的强弱对比表现出来。

(二)F大调与d小调

1. F大调

掌握F大调的正三和弦与属七和弦的原位及转位的和声连接,能够为儿歌编配合理的伴奏织体。学习为休止符节奏编配伴奏。

在弹唱中,运用正确的童声音色及伴奏形式来表现作品。

(1)F大调正三和弦连接

例 4-19

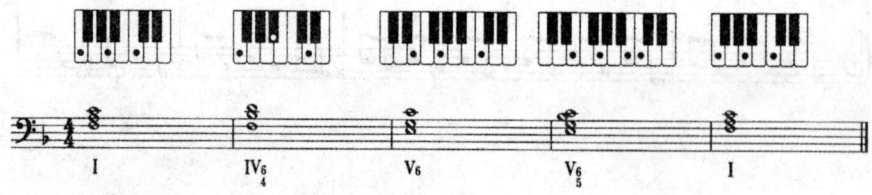

(2)左手简单伴奏织体类型

例 4-20 柱式和弦

例 4-21 半分解和弦

例 4-22 全分解和弦

(3) 练习曲

例 4-23

快乐小舞曲

丁荣华 词
晓洪 曲

练习提示：

①这首儿歌曲调优美,歌词朗朗上口,富有诗意。作品中闭口音较多,如"溪""密""里""嘀""哩",歌唱时注意声音要集中,音色要明亮、清纯,吐字要轻巧、跳跃,富有一定的律动性,弹奏时采用断奏弹奏方法。

②在编配伴奏时可以采用半分解和弦及全分解和弦。选用半分解和弦弹奏时,弹奏方法采用手腕断奏,突出儿歌欢快的情绪。音色要明亮、欢快。旋律同音处采用同音轮指的弹奏方法,连贯,自如。作品的结尾处"快乐在心窝"要做顿音处理,语气果断,伴奏可采用柱式和弦织体来增强作品的结束感,弹奏力度要做强音处理。

2. d 小调

掌握以 d 为主音的正三和弦与属七和弦的原位及转位和声连接,熟练均匀地弹奏十六分音符,正确弹奏附点节奏,为儿歌选配合理的和声功能和伴奏织体。

在弹唱训练时,了解小调及少数民族儿歌的特点,弹和唱有效结合,突出民族风格。

(1) d 小调正三和弦连接

例 4-24

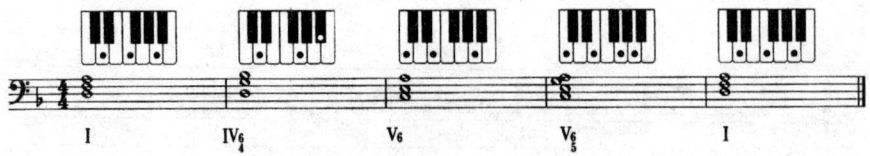

(2) 左手简单伴奏织体类型

例 4-25　柱式和弦

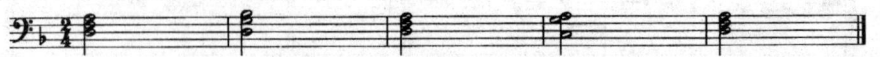

第四章 幼儿歌曲的弹唱方法

例 4-26 半分解和弦

例 4-27 全分解和弦

(3) 练习曲

例 4-28

蓝蓝的天

李永才 词
扎西群培 曲

练习提示：

①这是一首具有浓郁藏族风格的少儿歌曲。歌曲节奏感较强，运用了许多藏族音乐的元素，要求在演唱时注意把握好这些节奏型，把歌曲的民族特色表现出来。在编配伴奏时可采用半分解和弦和全分解和弦伴奏织体。在歌曲中，以"an"韵母为主的字，注意咬字、吐字要准确、清晰，收声时保持鼻腔的共鸣。

②歌曲旋律多次出现前十六分音符和后十六分音符节奏，弹奏时节奏要均匀，采用连音弹奏。半分解和弦伴奏应轻巧，采用跳音弹奏方法，突出草原儿童快乐生活的场景。弹唱时，要求声音甜美、清脆。用生动的演唱形式把藏族小朋友善良、纯真的形象表现出来。

(三)G大调与e小调

1. G大调

掌握以G为主音的正三和弦与属七和弦的原位及转位的和声连接，熟练地为儿歌编配伴奏。

在弹唱中，能够运用正确的童声音色及伴奏形式来表现作品。

第四章　幼儿歌曲的弹唱方法

（1）G 大调正三和弦连接

例 4-29

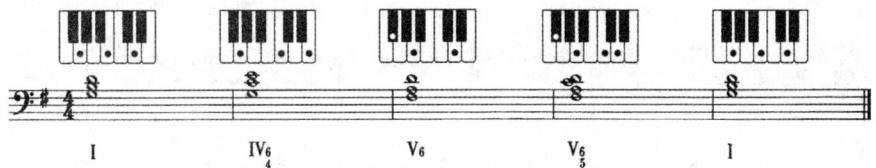

（2）左手简单伴奏织体类型

例 4-30　柱式和弦

例 4-31　半分解和弦

例 4-32　全分解和弦

（3）练习曲

例 4-33

大鹿

法国民歌

许林 译配

练习提示：

①这是一首法国幼儿歌曲。歌曲节奏简单，一字一音的演唱有助于节奏的把握。作品中以"u、o、iao"韵母为主的字较多，要保持口腔的打开状态，注意归韵要清晰、准确。在朗诵儿歌歌词时，注意语气、声调、音色都要与儿童的年龄、特征相符，富有表情地表现音乐形象。伴奏织体可选用全分解和弦，无论旋律还是伴奏都采用连音弹奏方法，弹唱时注意节奏的稳定。

②弹唱时在每一小节的第一字运用跳音的演唱方法更容易表达孩子般活泼的心态。弹奏这些音时，力度要加强，突出儿歌的演唱特点。

2. e 小调

掌握以 e 为主音的正三和弦与属七和弦的原位及转位的和声连接，熟练地为节奏简单的儿歌编配伴奏。合理运用不同的弹奏方法表现儿歌的情趣。

第四章 幼儿歌曲的弹唱方法

能够通过分析作品的主题、旋律、节奏等特点,理解幼儿歌曲的艺术风格。在熟练弹唱的基础上,较好地表现幼儿歌曲。

(1) e 小调正三和弦连接

例 4-34

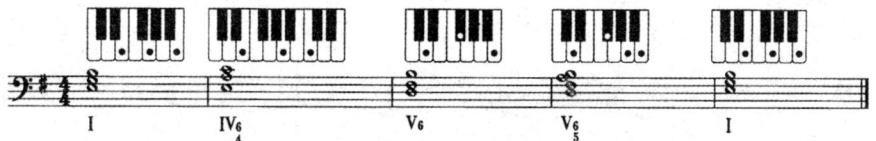

(2) 左手简单伴奏织体类型

例 4-35 柱式和弦

例 4-36 半分解和弦

例 4-37 全分解和弦

(3) 练习曲

例 4-38

凑数歌

张铁书 词
杨继陶 曲

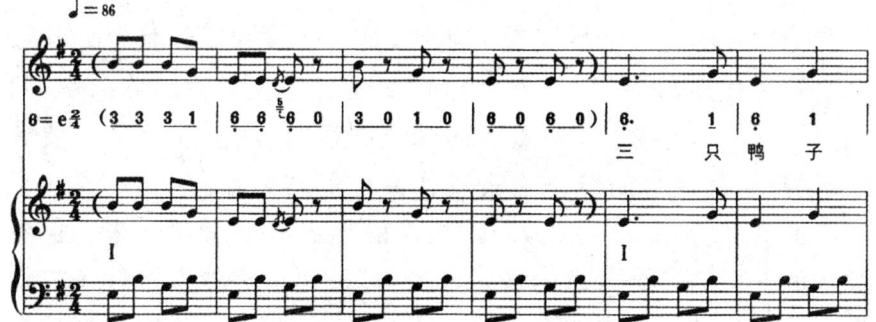

练习提示：

①这首幼儿歌曲曲调简洁明快，具有较强的民族特色。儿歌节奏较为规整，在弹奏附点节奏时要注意速度平稳。歌曲中，归韵以"o、uo"韵母为主，在做歌词朗读训练时，注意咬字吐字要准确，用富有表现力的神态去表现作品中的音乐形象，同时要注意童声的音色特点，把幼儿天真、烂漫的形象特征表现出来。伴奏织体的选择应符合儿歌的音乐形象，可采用多种伴奏织体来描绘不同动物的特征。在弹奏方法上也要有区别，这样才能更好地深

化音乐形象。

②弹唱中处理好演唱和弹奏的关系,更完美地表现歌曲弹唱风格。

(四) ♭B 大调与 g 小调

1. ♭B 大调

掌握以♭B为主音的正三和弦与属七和弦的原位及转位的和声连接,学习并正确使用柱式、半分解式、全分解式等多种音型混合的伴奏织体。

通过朗读歌词及不同风格幼儿歌曲片段的训练,引导学生在熟练的弹唱中,能够用恰当的语气、语调来表现作品中不同的音乐形象。

(1) ♭B 大调正三和弦连接

例 4-39

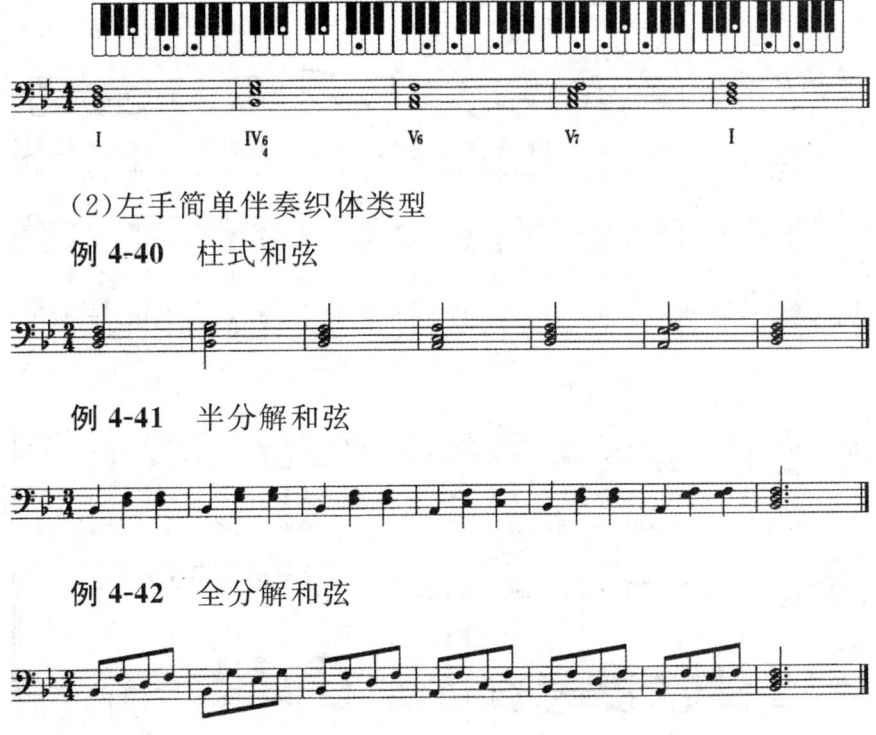

(2)左手简单伴奏织体类型

例 4-40 柱式和弦

例 4-41 半分解和弦

例 4-42 全分解和弦

例 4-43　琶音式

(3) 练习曲

例 4-44

李小多分果果

圣野 词
汪玲 曲

第四章 幼儿歌曲的弹唱方法

练习提示:

①这首幼儿歌曲作品的旋律欢快、活泼、富有童趣。注意作品中"多""果""个""弟""自己"等字的咬字要规范、准确,在歌词朗读过程中,注意语言的形象性、生动性,用丰富的表情和甜美的音色来烘托出音乐形象的可爱。

②歌唱时应用活泼富有动感的语气来表现作品的风趣特点,弹奏时也要准确运用断奏方法,来烘托出欢快、活泼的情绪。在伴奏编配中可交替运用多种伴奏音型,丰富作品的色彩,在弹唱过程中要整体把握好顿音与连音的对比,能够做到唱、弹情感融为一体。

2. g 小调

掌握以 g 音为主音的正三和弦与属七和弦的原位及转位的和声连接,学习并能正确使用琶音式伴奏织体。

在弹唱训练中,能灵活地运用歌唱方法,较准确地把握作品的艺术风格,能够根据作品内容情绪和意境的要求为歌曲做不同力度、速度、语气、音色等的处理。

(1)g 小调正三和弦连接

例 4-45

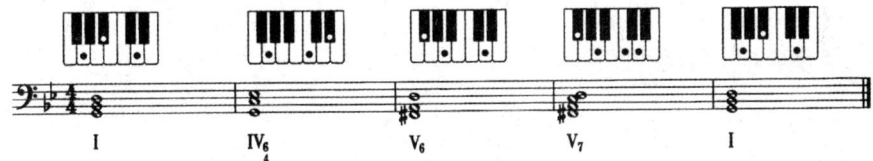

(2)左手简单伴奏织体类型

例 4-46 柱式和弦

例 4-47 半分解和弦

例 4-48 全分解和弦

例 4-49 琶音式

（3）练习曲

例 4-50

哈达献给解放军

黄式茂 词
丁文弘 曲

第四章 幼儿歌曲的弹唱方法

练习提示：

①是一首带有浓郁藏族风格的儿童歌曲,作品的曲调欢快热烈,歌曲表达了藏族儿童对解放军真挚的热爱之情。这首作品曲调比较流畅,歌唱时要注意作品的完整性,气息的均匀控制很重要,歌唱时注意换气要恰当,尤其是作品中第二句和第三句歌词,一定要在句号之后换气,作品中十六分音符下方的字"盈、放、呀拉索"及带有四分附点节奏型的字"哎",在弹唱中要注意其节奏的准确性。

②弹唱时情绪要饱满、热烈,语气要夸张富有表现力。弹唱中要处理好跳音与连音的对比,尤其是作品中衬词部分"哎呀拉索呀拉索",弹奏时注意连线的标注,要用连奏的弹奏方法。结尾注意重音记号的标注,歌唱与弹奏要有力而且渐慢进行,增强作品的结束感。

(五)D 大调与 b 小调

1. D 大调

掌握以 D 音为主音的正三和弦与属七和弦的原位及转位的和声连接,学习并能正确使用半分解与全分解式伴奏音型并用的伴奏织体。

具有初步的对作品分析的能力,能够准确把握幼儿歌曲的主题、基调、旋律、节奏等方面的特点,在熟练弹唱的基础上,较好地表现幼儿歌曲的艺术风格。

(1)D 大调正三和弦连接

例 4-51

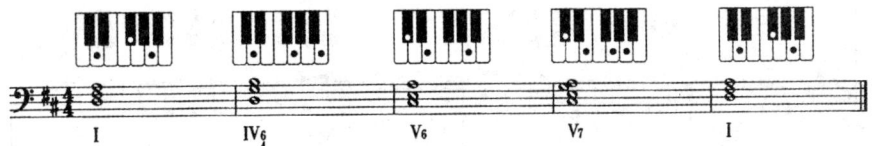

(2)左手简单伴奏织体类型

例 4-52 柱式和弦

例 4-53 半分解和弦

例 4-54 全分解和弦

(3)练习曲

例 4-55

小雨沙沙

许静 词
王太荣 曲

第四章　幼儿歌曲的弹唱方法

练习提示：

①这是一首旋律简洁、曲调明快的幼儿歌曲，在歌唱中注意音色甜美，语气要口语化、儿语化，尤其是作品中第9～14小节描写种子对话的部分，歌唱时注意语言的形象性、生动性，双手弹奏时要配合旋律及歌词。歌词中，归韵以"a、ua"韵母为主，注意咬字吐字准确、清晰、连贯。在朗读中，要考虑小宝宝的年龄段，在语气上要把宝宝的天真、充满童稚的形象特点表现出来。

②注意句与句的跳与连、强与弱的对比。编配伴奏应以半分解和弦、柱式和弦为主，加上八分休止符的运用，来表现小雨点滴滴答答落下的情形，请幼儿仔细体会这一音乐形象。中段旋律长音处可加入琶音式伴奏音型。

2. b 小调

掌握以 b 音为主音的正三和弦与属七和弦的原位及转位的和声连接，学习并能正确使用根音为保持音的切分式半分解和弦织体。

能够根据歌曲的音域准确调整声音位置，能够较正确地运用童声音色，具有一定的作品分析能力，在弹唱训练中，能够准确捕捉幼儿歌曲中的音乐形象。

（1）b 小调正三和弦连接

例 4-56

（2）左手简单伴奏织体类型

例 4-57　柱式和弦

例 4-58　半分解和弦

例 4-59　全分解和弦

(3) 练习曲

例 4-60

我们是草原小牧民

集体改编词

杨永华 曲

第四章 幼儿歌曲的弹唱方法

练习提示：

①这首儿童歌曲作品充满了浓郁的蒙古族民歌风格，作品的曲调欢快、热烈，弹唱中首先要注意作品中"民、心"等字的咬字吐字准确、清晰，收声要保持鼻腔的共鸣。歌唱的情绪激昂热烈，要把草原儿童开朗、自信、热情奔放的性格表现出来。

②这是一首三段体式的儿童歌曲，第一乐段要用轻巧、富有弹性的声音歌唱，采用断奏的弹奏方法，突出曲调欢快的特点，伴奏织体可选用半分解和弦。第二乐段和第三乐段采用琶音式伴奏音型，与第一乐段形成鲜明对比，增强作品的抒情性，歌唱中处理好跳音与连音的对比，弹奏中也要合理地运用断奏与连奏的方法。作品中有连线的地方要处理得流畅、连贯、抒情，没有连线的地方要处理得轻巧富有一定动感，伴奏的弹奏方法要和歌唱的情感融为一体。

(六)ᵇE 大调与 c 小调

1. ᵇE 大调

掌握以ᵇE 音为主音的正三和弦与属七和弦的原位及转位的和声连接,学习并能正确使用加重低音的和弦式伴奏音型。

培养学生具有较强的作品分析能力,在弹唱训练中能够基本掌握歌曲二度创作的方法,并能综合地运用到弹唱中去,弹与唱的情感表现,能自如地融为一体,从而较完美地表现作品的艺术风格。

(1)ᵇE 大调正三和弦连接

例 4-61

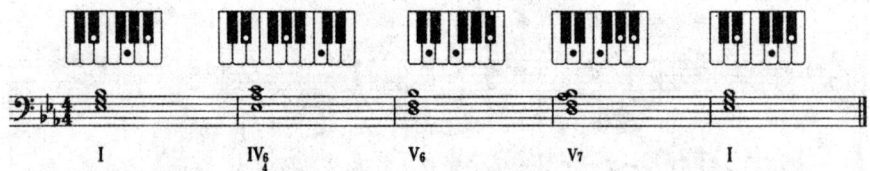

(2)左手简单伴奏织体类型

例 4-62 柱式和弦

例 4-63 半分解和弦

例 4-64 全分解和弦

例 4-65 琶音式

(3)练习曲

例 4-66

法国号

法国民歌

练习提示：

①这是一首法国民歌，作品的旋律流畅、悠扬，节奏规整，作品中多次出现的"嗡巴巴"是模仿圆号吹出的声音，我们在歌词朗

读中要细心体会,同时我们还要注意歌曲中"嗡""唱""样"等字声音要在鼻腔集中共鸣,弹唱中注意语气夸张,面部表情丰富生动,要把拟声词表现得形象、准确。

②在伴奏的编配中以正三和弦为主,伴奏织体采用半分解和弦,突出圆舞曲式风格特点,弹唱这首作品处理好断与连的对比。作品中代表圆号的拟声词"嗡巴巴"要富有弹性和动感地唱与奏出,紧随其后的小节则要唱得连贯,弹奏方法也要根据作品的情绪发展进行恰当的断奏、连奏运用。弹唱中注意弹、唱、情的融合。

2. c 小调

掌握以 c 音为主音的正三和弦与属七和弦的原位及转位的和声连接。

能够熟练地弹唱各种不同风格的幼儿歌曲,伴奏织体及和弦色彩的运用更加丰富,弹与唱不单是协调、统一关系,而是共同完成对作品完美的再创造,弹与唱是发自内心的情感流露。

(1) c 小调正三和弦连接

例 4-67

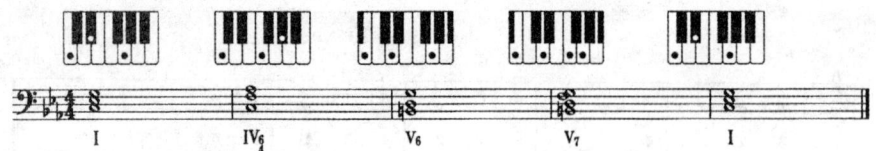

(2) 左手简单伴奏织体类型

例 4-68 柱式和弦

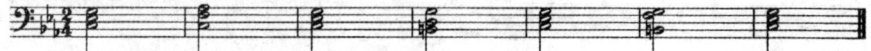

例 4-69 半分解和弦

例 4-70 全分解和弦

例 4-71 琶音式

(3) 练习曲

例 4-72

如今家乡山连山

练习提示：

①这首儿歌作品的曲调既活泼又抒情，弹唱这首作品时注意演唱的速度以中速为佳，在弹唱中要处理好断与连的对比，有连

线的部分要唱得流畅、连贯,没有连线的部分要唱得轻巧而有活力。

②在伴奏的编配中以正三和弦为主,伴奏织体采用半分解式和弦,左手的弹奏要注意把根音的力量放下来,声音坚实,右手的弹奏要采用轻巧的断奏来烘托歌唱中喜悦、幸福的情绪,弹唱中注意唱、弹、情互相融合,准确表现作品的艺术风格。

第二节 有旋律儿童歌曲弹唱

有旋律伴奏是指将歌曲的主旋律以声部的方式置放于钢琴伴奏织体中。这种伴奏能增强歌曲的旋律感与表现力,帮助儿童掌握音准,是幼儿音乐教学中大量使用的歌曲伴奏类型。

这种伴奏的形式主要有以下几种。

一、旋律出现在高声部

这种伴奏一般是以右手弹奏曲调,即把主旋律安排在高音部,左手弹奏伴奏部分。这种手法最常用,基础篇的学习以这种手法为主。

除了以单音形式奏出外,旋律还可用右手结合单音八度、附加双音或附加和弦的表现手法奏出。这种手法的实际音响比单音旋律丰满,演奏难度也高。

高音部旋律性伴奏的基本方法是:

(1)在旋律音的下方附加与其配置的和声相一致的和弦音,双音以三度、四度、五度最为常用。

(2)在旋律音的下方附加某个位置合适且相对固定的和弦音,可使双音方式的实际弹奏变得更简单。

例 4-73

啊，朋友

意大利民歌

二、旋律出现在低声部

低音部旋律性伴奏一般是以左手弹奏曲调，即把主旋律安排在低音部，右手弹奏伴奏部分。

例 4-74

快乐的农夫（片段）

舒曼 曲

三、旋律出现在中声部

中音部旋律性伴奏即把主旋律安排在中音部的伴奏。这种伴奏有时采用以一只手在键盘的中音区弹奏曲调，另一只手与其交叉弹奏，时而在其上方，时而在其下方。

例 4-75

小象

日本儿歌

罗传开 译词

四、旋律出现在不同声部

这种伴奏是为主旋律配置相对独立性的副旋律,也可采取同一旋律在不同音程关系上模仿进行的方式。在同一时间里,主副旋律有机结合,彼此烘托,相辅相成,富于歌唱性,流畅生动。

例 4-76

雪花姐姐

佚名 词曲

李政浩 配伴奏

第四章 幼儿歌曲的弹唱方法

五、旋律以装饰的形式出现

这种伴奏是把歌曲的主旋律加以适当的装饰,使之华丽多彩,以渲染情绪和气氛。具体方法是:以歌曲的旋律音为骨架,依据其调式与风格,在旋律音之间插入装饰、过渡性质的音符,使伴奏织体中的旋律声部变得更灵动、流畅、活泼。

例 4-77

钟

佚名 词曲
浩平 配伴奏

第三节　无旋律儿童歌曲弹唱

无旋律伴奏是指歌曲的主旋律在钢琴伴奏织体中,不作具体而完整的出现。这种伴奏由于不受同时弹奏曲调音的限制,因而在刻画歌曲的音乐形象、丰富和声及节奏上较灵活、多样。

一、柱式和弦伴奏音型

柱式和弦伴奏音型基本的表现特点:声部齐全,多数和弦音同时发声,音响效果浑厚丰满,善于利用和声的功能色彩及节奏变化来表现音乐,节奏感强,适宜表现稳健饱满、气势宽广的乐曲及其片段。

第四章 幼儿歌曲的弹唱方法

另外,根据柱式和弦伴奏音型不同运用手法可以表现出不同的音乐特点,主要包括以下几方面。

(1)节奏松弛、较安静平稳的柱式和弦,具有烘托背景的作用。适用于乐曲的开头与中间较平稳的乐段且速度不太快。一般情况下,进入歌唱部分的第一段或者在歌曲的结尾段落时用得较多。

(2)节奏短促紧凑的柱式和弦,具有积极主动的表现特色,有较强的动力。适用于在一些歌曲中强调某几个歌词中的几个字,或者跟随歌词的起伏而变化。这类柱式和弦通常是带有切分性质的或者连续的和弦变化,但是它的出现常常带有一些随意性而且被作为乐曲中的点缀来用。

(3)短促、跳跃、节奏鲜明的柱式和弦,具有舞蹈特点。适用于速度明快的、具有明显的舞蹈特性的歌曲,这种伴奏织体的选用一定要尽可能的简单明了,而且主要是以强调节奏的伴奏为主,作为对比在中间部分可适当运用简单的琶音或分解和弦。

(4)敲锣打鼓式的柱式和弦节奏,擅长表现热烈欢腾、动感较强的情绪。顾名思义,这种伴奏织体的运用是有一定局限性的,这还要取决于乐曲本身是否有需要运用这样的伴奏织体。对烘托乐曲的气氛,或者在乐曲的高潮处运用得当,会起到非常强劲的效果。

这种伴奏音型可用在欢快活泼(音型1)或优美抒情(音型2)或雄壮、气势宏大(音型3)等的歌曲伴奏中。

例 4-78

例 4-79

洋娃娃和小熊跳舞

姆卡楚尔宾娜 词曲
李嘉川 译词
田梅 配伴奏

第四章 幼儿歌曲的弹唱方法

二、半分解伴奏音型

半分解式音型又称为摆动式分解音型,是指和弦音中一个音以单音(或双音)形式出现,另外几个音以双音(或和弦)形式有规律地摆动式依次出现。

将和弦以半分解的方式奏出,节奏清晰、流畅,由于其本身摆动荡漾的结构特点,在表现一些具有抒情性和描绘性的乐曲时,具有独特的艺术效果。

在半分解音型中,不同的节奏特点、不同的低音、不同的旋律位置与奏法是使这类伴奏音型产生变化的重要手段,也使这类伴奏音型有着广泛的适应力和较强的音乐表现力。半分解音型主要用在抒情或带有摇摆节奏的歌曲中,如歌曲《春天》《冬天》《小小的船》等的伴奏。常用的音型有音型4、音型5。

例 4-80

音型 4　　　　　　音型 5

例 4-81

春天

希腊民歌
王毓麟 译词

三、全分解伴奏音型

全分解音型是指和弦音以单音的形式按照一定的规律依次出现。和弦完全分解在即兴伴奏的编配中运用最为广泛,采用不同的奏法,既可以表达细腻抒情的情绪,又可以在高潮时展现激情,表现起伏跌宕的音乐形象。

全分解音型用在抒情或欢快风格的歌曲中,如歌曲《风爷爷》、门德尔松《乘着歌声的翅膀》等的伴奏。常用的伴奏音型有音型6、音型7、音型8。

例 4-82

音型6　　　　音型7　　　　音型8

例 4-83

风爷爷

林茅 词曲

第四节 儿歌弹唱前奏、间奏、尾奏的处理

前奏、间奏、尾声是歌曲组成的从属部分,由于儿歌篇幅短小,因此三部分很少同时出现在一首歌曲中。伴奏者在伴奏过程中要考虑歌曲的性质、情绪,进行适当的编配,而不要什么歌曲都加上这些从属部分,那样只会画蛇添足,尤其是幼儿歌曲伴奏。

一、儿歌弹唱前奏的处理

前奏又名引子,是歌曲主体部分的预备与提示,它预示了乐曲的速度、力度和感情风格,与后面进入的音乐是统一的整体。前奏的主要作用是指示歌曲特定的思想内容、意境、情调、气氛、色彩,引导和启发演唱者和听众感受音乐艺术形象,并帮助演唱者掌握音高、速度等。

(一)使用歌曲的旋律作为前奏

使用歌曲的最后一句旋律及伴奏作为前奏,是最为常用的手法。因为歌曲结束乐句的和声稳定,调性清楚,所以用它作为前奏的效果一般比较好,例如《送别》(例 4-84)等。

例 4-84

《送别》前奏

另外,采用歌曲的第一句旋律及伴奏作为前奏,也较为多见。采用歌曲的最后一句作前奏一般原样照搬即可,而采用歌曲的第一句作前奏,往往需要一定的改编变化,这是因为歌曲的第一乐句多为"半终止",调性的稳定性多处于动态性前进趋势(非稳定),歌曲第一乐句需要自然地与第二乐句连接。所以,采用歌曲第一乐句的改编形式作为前奏,需要特别关注它与歌曲第一乐句的自然衔接效果。

如例 4-85 所示,该歌曲的前奏综合了歌曲的开始和最后一句的变化。这种综合性的前奏具有较强的概括力。

例 4-85

《卖报歌》

如例 4-86 所示,歌曲采用第一句作为前奏,揭示了歌曲第一句的音高、速度、力度等,可以稳定演唱者的情绪,有纵览全曲的作用。

例 4-86

粉刷匠

波兰儿童歌曲

（二）使用新旋律作为前奏

这类前奏形式多采用新材料，节奏较为自由，运用装饰音、和弦外音等多种创作手法营造氛围，描绘情景。情绪上可以是热情的，也可以是清灵秀美的。新材料的创作与歌曲的音调风格相统一，是一种非常形象生动而富于创意的创作手法，但一般篇幅不宜过长。

如例 4-87 所示，这首歌曲的前奏①从高音区向下的引入部分，描绘了小河淌水的形象，引出②抒情歌唱性的旋律，并且将一种安静空旷的气氛营造其间，歌曲前奏的音型材料表现力不同寻常。这首歌曲的伴奏适合钢琴水平较好的学习者使用。

例 4-87

《小河淌水》

(三) 提取歌曲中的音乐素材进行创作前奏

提取歌曲中的音乐素材进行创作前奏,需要准确自然地彰显出歌曲的音乐情绪和速度面貌。如例 4-88 所示,采用歌曲的主题发展形成前奏,它能让幼儿对歌曲的整体音高有一个印象,从而更快、更准确地唱准首句的音调。

例 4-88

学做解放军

杨墨 词曲
陈安晞 配伴奏

第四章 幼儿歌曲的弹唱方法

需要注意的是,前奏的开始一般由伴奏者自己给出预备拍及音乐进入的拍点后,才能进入。但有时伴奏者会根据前奏的难易程度,或依据自己排练前准备的情况起一个适合于自己的速度,而不一定是谱面要求的速度,这样会对主歌的进入起到不利的影响。

二、儿歌弹唱间奏的处理

间奏又称"过门",指钢琴单独演奏的歌曲的乐段之间或乐句之间的连接部分,它是前面音乐的发展,同时又是后面音乐的准备,有连接、过渡和承上启下音乐结构的动力作用。此外,间奏对于音乐情绪的烘托、音乐情绪和调性的转换等,也有很重要的作用。

有些歌曲已经写好了间奏旋律,只需要配置和声并进行音乐织体化演奏即可。间奏的创编演奏手法多种多样,简便易行,比较适宜钢琴即兴伴奏的间奏手法有:重复歌曲前面一个乐句或乐段作为间奏,有模仿、再现、回应、强调音乐的效果;先现歌曲后面的一个乐句或乐段作为间奏,具有提示、引领、思考、准备音乐的效果;重复前奏或前奏的一部分作为间奏,它有前后呼应、再现强调、乐思统一的音乐艺术效果;重复歌曲前一句旋律的尾部音调作为间奏(效果),进行音乐模仿手法的织体性回应,这种手法实质为"节奏填充"手法;使用双音、八度、和弦作"节奏性补充",这种手法实质为"织体填充"手法,如《歌唱祖国》和《国际歌》等;使用音阶、琶音、和弦转位作"织体性补充",这种手法实质为"旋律填充"手法,例如《送我一枝玫瑰花》(新疆民歌)的钢琴伴奏为间奏性填充,根据歌曲体裁和旋律风格特点,创作或即兴演奏"间奏"的音乐内容。

此外,段落之间的间奏材料可以与前奏的相同或相似,也可以采用完全新的材料写作,采用完全新的材料往往带有插段的性质,可以用来连接具有对比、转折和发展意义的两个乐段。歌曲结构外部的间奏最常见的形式是重复前奏的材料,但当调式调性、节奏、节拍、速度、力度发生转换的时候,一般采用新的材料来进行连接。这种情况在间奏的创作中是比较难的,在编配中要充分发挥间奏的桥梁作用,要做好技术处理,自然、不露痕迹地从前面的状态过渡到新状态中去,而不能生硬牵强。

如例 4-89 所示,用在乐句之间的间奏,常重复前面乐句的音型(在重复时可用装饰、扩充、压缩的手法),也可将其音区提高一个大度后出现。

例 4-89

洗手帕

鲁祖兴 曲
申芳 词
陈安晞 配伴奏

如例 4-90 所示,间奏完全模仿前奏,使歌曲结构更丰满,也为后面的高潮部分作了充分的准备。

例 4-90

森林运动会

刘明将 词曲
陈安晞 配伴奏

活泼有趣

第四章 幼儿歌曲的弹唱方法

如例4-91所示,由音阶构成的间奏来引出下个乐句的起始音。该间奏在节奏上用了装饰音及音阶式的进行,表现出欢快、跳跃的舞蹈场景。这类间奏出现在歌曲中虽然短小,但是十分精致,有着画龙点睛的妙用。在幼儿歌曲中运运这类间奏,可以给幼儿休息的时间,更可以调动幼儿的情绪,从而使幼儿更准确地找到下一句歌词的起唱点。

例 4-91

祖国祖国我们爱你

潘容 词
潘振声 曲
陈安晞 配伴奏

三、儿歌弹唱尾奏的处理

歌唱结束时,钢琴单独演奏的音乐段落或短句称为"尾奏"。

它所起的作用是加强歌曲的结束感,使歌曲内容表达更加充分和完满,使音乐形象得到更为完美的展现。

尾奏是歌曲作品完整结构中的一部分,需要认真严格地演奏表现,而音乐欣赏者需要仔细聆听。尾奏并不是每首歌曲都需要的,当歌曲本身已经发展得充分完满了,伴奏应该同歌声同时结束。有时,歌曲演唱结束在较长时值的音符上,这时的钢琴伴奏部分往往会以"长音填充式"的演奏风格性旋律或风格性和声进行(如补充终止等),这种手法亦可视为特殊形式的"尾奏"效果。它可与歌声同时收束,也可迟于歌声收束。

常见的尾奏手法有:使用前奏作为尾奏,具有首尾呼应的音乐效果;采用歌曲的开始乐句作为尾奏;采用伴奏音型作为尾奏。此外,尾奏采用的旋律可以直接从歌曲中取材,也可以从前奏、间奏中获得,还可以采用音阶式(包括八度音阶、双音音阶、半音阶等各种音阶形式)、旋律模仿式、综合概括式等多种方式。

如例 4-92 所示,尾声与前奏相互呼应,可以使全曲更为完整统一。

例 4-92

这是什么

儿音 词
朱德诚 曲
陈安晞 配伴奏

第四章 幼儿歌曲的弹唱方法

如例 4-93 所示,用歌曲的主要节奏型作为尾声,有延续歌曲情绪的作用,使歌曲更加完整。

例 4-93

如例 4-94 所示，音阶式进行作尾声，可采用同向、反向、斜向进行，从而将歌曲推向高潮。

例 4-94

第四章 幼儿歌曲的弹唱方法

需要注意的是,并不是每首歌曲都需要一个尾声来补充。很多时候,歌曲的尾声是伴奏者自行添加的,尤其是在较大型歌曲的长音结尾处,丰富多彩的尾声可以给歌唱者适当的时间平复情绪,也避免了前面很丰满后面很单薄的虎头蛇尾的情况出现。

第五章 幼儿歌曲的活动设计方法

幼儿教育历来是家长十分重视的一个领域,家长在孩子的教育问题上也注重从娃娃抓起。这就是很多家长在孩子的教育上产生的一种竞争化现象。所以,家长培养孩子逐渐地向多才多艺方向发展,而学前音乐教育则是其中一个重要的内容。本章我们就从幼儿歌唱活动的各个方面,分各个时期加以阐述。

第一节 幼儿歌唱活动设计的目标

一、小班的目标

(一)歌唱活动

(1)歌唱时,幼儿需要学习运用正确的歌唱姿势、自然的声音来歌唱,并且还要能基本做到吐字清楚、唱准曲调与节奏。

(2)能够跟随着歌曲前奏做整齐的开始和结束。

(3)幼儿歌唱时,在有乐器伴奏时,能够独立、基本完整地唱出熟悉的歌曲。

(4)小班的幼儿能够初步理解并表现出歌曲所要表达的形象、内容及情感。

(5)幼儿在教师的引导和帮助下,能够为自己熟悉、短小的歌曲增编新歌词,但是不要求他们会唱。

(6)有自己喜欢的歌曲且爱唱歌曲,也喜欢与同伴一起歌唱,并且能够使自己的歌声与集体声音保持一致。

(二)韵律活动

(1)能够跟着音乐的节奏做一些相对比较简单的动作,并能模仿动作。

(2)喜欢并乐于参与集体的韵律活动中来。

(3)这个时期的幼儿已经学习了一些相对简单的集体舞。

(4)初步尝试并体验用动作、表情和姿态与他人进行交流的方法和乐趣。

(三)打击乐演奏

(1)幼儿这个时期已经学习并掌握了几种比较常用的打击乐器的演奏方法。

(2)幼儿喜欢摆弄打击乐器,喜欢参与集体的打击乐演奏活动中去。

(3)幼儿能够为简单、短小的二拍子歌曲、乐曲作伴奏。

(4)幼儿初步学会了根据指挥开始、结束器乐的演奏表演。

(四)音乐欣赏

(1)幼儿能够初步感受到一些性质相对鲜明、结构比较短小的歌曲的形象,或能够感受带有标题的、简单的器乐曲的形象、内容、情感。

(2)喜欢倾听现实生活中的各种声音,并能够用自己喜欢的方式去表达所听到的声音。

(3)乐意并积极地参与集体音乐的欣赏活动,体验音乐欣赏过程中所带来的快乐。

综上所述,这一阶段的活动设计目标相对要简单些,如某幼儿园的小班歌舞活动设计采用的是以《小木匠》为例,其活动目标如下。

（1）感受并体验歌曲的节奏与旋律特点。

（2）乐意用歌声、动作以及表情来表达对小木匠的模仿，重点培养孩子动手能力。

（3）在唱和玩中学习音乐游戏《小木匠》。

二、中班的目标

（一）歌唱活动

（1）能够运用正确的歌唱姿势、自然的声音歌唱，并做到吐字清晰，唱准曲调与节奏。

（2）在有乐器伴奏的前提下，能够独立、完整地演唱，并且还能够初步接唱和对唱。

（3）在举办集体的歌唱活动中，能够控制自己的音色，使自己的歌声与集体声音协调。

（4）中班的幼儿可以学习运用不同的歌唱速度、力度及音色的变化去表达歌曲所体现的形象、内容及情感。

（5）能够为熟悉、短小、工整的简单歌曲增编新歌词，尝试独立地把新编歌词填入到曲调中，并尝试演唱出来。

（6）这个阶段的幼儿，还比较喜欢自己歌唱，同时，在集体的歌唱活动中，他们也喜欢表演，能大胆、独立地进行表演。

（二）韵律活动

（1）这个时期，幼儿能够跟随音乐的节奏做一些比较简单的基本动作、模仿动作及舞蹈动作。

（2）喜欢参加各种集体的韵律活动以及音乐游戏活动。

（3）这个时期，幼儿们还可以学习一些基本的舞蹈动作以及集体舞。

（4）能够在动作表演过程中学习使用一些简单的道具。

（三）打击乐演奏

(1)幼儿在这个时期能进一步学习并掌握打击乐器的演奏方法。

(2)这一时期,幼儿仍然十分喜欢操弄打击乐器,并喜欢参加各种集体打击乐演奏活动。

(3)能够用乐器给二拍子、三拍子等节拍的歌曲配上不同的伴奏。

(4)在这个阶段,幼儿还可以进一步学习看指挥进行音乐表演。

(5)幼儿可以初步尝试参与到打击乐演奏配器方案的讨论中来。

(6)幼儿可以相对自觉地遵守集体打击乐演奏时中的规则,养成爱护乐器的习惯。

（四）音乐欣赏

(1)可以感受一些风格比较鲜明、结构相对短小的歌曲或器乐曲的形象、内容、情感等,并能够产生一定的联想,用外部的动作做出反应。

(2)幼儿能初步地了解并辨别出舞曲、摇篮曲等风格的音乐的性质。

(3)喜欢倾听现实生活中的声音,还能大胆地运用自己喜欢的方式对这些声音加以表现。

(4)乐意参与集体的音乐欣赏活动,能够体验音乐欣赏过程中的快乐。

(5)初步学习并运用不同的艺术表演形式来表达内心对音乐的感受和理解。

综上所述,这一阶段的活动设计目标设计相对要简单些,如某幼儿园中班打击乐活动采用的是《小星星》,活动设计目标如下。

(1)初步学习根据乐曲的音乐形象来选择乐器与节奏型,并能够进一步巩固对乐器音色的认识与辨别。

(2)这个时期的幼儿已经能够学习看图形谱了,并可以按照指挥的手势进行简单的合奏。

(3)体验并享受参与集体演奏活动的快乐。

(4)初步养成爱护乐器的态度和习惯。

三、大班的目标

(一)歌唱活动

(1)能采用正确的姿势、自然美好的声音来歌唱,并且还能正确地表现出歌曲的节奏、旋律与歌词(音域分布在 $c^1 — c^2$ 之间)。

(2)在没有乐器伴奏时,幼儿也能独立、完整地演唱一首歌曲。

(3)幼儿可以采用不同的速度、力度及音色变化,表现歌曲的形象、内容与情感,能恰当地表现不同性质、风格的歌曲的意境。

(4)幼儿可以为熟悉而又多重复的歌曲增编新歌词,并能即兴、独立地把新歌词填入到曲调中加以演唱。

(5)这个阶段的幼儿喜欢歌唱,还能大胆、独立地在集体观众面前进行歌唱表演。

(二)韵律活动

(1)能够随着音乐的节奏十分准确地做各种稍微复杂的基本动作、模仿动作等。

(2)在这个阶段,大班的孩子还十分喜欢参加集体的韵律活动与音乐游戏。

(3)这个时期的儿童进一步丰富了舞蹈的动作语汇,在充分掌握了一些基本的舞蹈动作及集体舞蹈的基础上,学习一些创造性的、稍微复杂的舞蹈组合。

(4)能够积极地体验用动作、表情和姿态与他人交流的方法与乐趣,并能在合作表演时尝试使用创造性动作大胆地进行表现。

(5)可以在表演时选择并熟练地使用相对简单的道具。

(三)打击乐演奏

(1)对于打击乐来说,这个时期的孩子还进一步学习掌握更多的打击乐器的演奏方法。

(2)积极参与集体打击乐演奏活动,可以部分参与打击乐演奏配器方案的设计。

(3)可以正确地根据指挥的手势进行音乐表演的开始、结束与变化。

(4)能够在集体打击乐演奏时有意识地注意在音乐的音色、音量及表情上与集体相协调。

(5)能够自觉地遵守打击乐演奏的一些常规规则,爱护乐器。

(四)欣赏音乐

(1)能够十分准确地感受一些性质比较鲜明、结构相对适中的歌曲,并能产生联想,用外部的动作做出反应。

(2)大班的幼儿能够进一步地丰富、加深对进行曲、舞曲、摇篮曲等不同风格、性质的认识。

(3)这一时期的孩子,还十分喜欢倾听生活中的声音,并能够运用自己的嗓音及动作加以表现。

(4)这个阶段的幼儿能够积极、主动地参加集体音乐的欣赏活动中去,享受音乐欣赏带来的乐趣。

(5)幼儿还能运用不同的艺术表演形式大胆地表达自己对音乐的独特感受和理解。

第二节　幼儿歌唱活动设计的要领

一、幼儿活动设计的方法

(一)教师为活动主体的设计

学前儿童音乐活动设计的方法,是指教师按照艺术目标设计一些丰富多样的音乐活动与环境,儿童在教师的引导下,在和音乐环境与材料相互作用的过程中实现音乐教育的目标而采用的方法。学前儿童音乐活动的设计要领主要有下列几种。

1. 直观演示法

这种方法是指在学前儿童音乐活动时，借助教师的演唱、演奏、动作表演或图片、投影、录像等手段，让儿童可以通过直接的感受，获得一种比较清晰的音乐表象，以此来增强他们对音乐学习的兴趣，从而优化学习效果的一种重要方法。这种方法常用在学前儿童的音乐教育活动中，主要包括示范法与演示法两种类型。

(1)示范法

示范法主要指教师在教学现场通过演唱、演奏、做动作表演等方法，向儿童提供活动的范例。在示范时，教师有下列几点需要注意：①示范要准确、熟练，富有艺术感染力；②要真挚、自然；③要能够让所有的幼儿清楚地感知到；④必要时，教师还可以辅以语言说明提示；⑤在一些特殊的可能情况下，教师应发挥儿童表演的示范；⑥教师可以放慢速度，并暂时淡化伴奏或停止伴奏。需要注意的是示范还要考虑到儿童的年龄，注意适度、适时、谨慎而又不失灵活。

(2)演示法

在学前儿童音乐活动中，演示是指教师采用操作各种直观教具的方法，向儿童展示活动的范例。在教学中最为常见的直观教具包括图片、绒板、幻灯、投影等。在运用演示方法时，教师要注意下列内容：①演示的目的要明确，不是为了演示而演示；②教具运用要适度、适量；③教具的选用和操作要给儿童一种美感。

2. 语言法

在学前儿童音乐活动中，比较常用的语言指导方法主要有讲解、提问、反馈等。

第五章 幼儿歌曲的活动设计方法

(1) 讲解

讲解一般包括讲述、解释。在学前儿童歌唱教学中,教师采用讲解的方法,主要是为向儿童提供多种和音乐活动有关的信息,以及加工这些信息的程序与方法。

(2) 提问

这是幼儿音乐教学中最为常用的语言辅助方法之一。在音乐活动中,教师常常会用到提问的方法,其目的主要有:①了解儿童对音乐的理解、感知情况;②了解儿童对活动组织、内容选择的意见与愿望。

(3) 反馈

反馈是为了能够让儿童及时了解自己对音乐作出的反应,并可让儿童根据自己的情况做出调整。所要引起大家注意的是:反馈的时候要注意面向全体的儿童;教师的反馈要做到客观化,平等地看待每一位儿童;反馈时主要是正面的肯定。

3. 角色变换法

由于学前儿童与音乐教育的特殊性,在学前儿童音乐活动中,需要教师经常运用自身角色的变化对儿童活动进行指导。

(1) 参与法

参与法是指在音乐活动过程中,教师以平等的活动加入者、儿童活动的合作者或音乐表演中的某一特定角色指导音乐活动。教师的参与不仅能给儿童的音乐探索与表现提供间接的指导,还可以让儿童体验并享受到师幼之间协作的乐趣。

在运用参与法时,教师要注意下列几点:①教师要尽力让儿童感到教师和他们身份是相同的、平等的;②教师的观点、意见与做法仅供参考;③在扮演活动中的某一角色时,教师要尽力让儿童感到教师的表演和音乐以及和该角色相符合。

(2) 退出法

在幼儿园的音乐教育活动表演时,教师有时也会运用"退出"法:首先,教师是从"参与"的状态中退出的,恢复自己原有的教师身份和地位,重新对活动施加影响;其次,教师在活动的空间位置中退出来,把中心的位置让给儿童,以一个观察者、旁观者的身份对音乐教学活动给予指导。

(二)儿童为活动主体的设计

以儿童为主体的设计方法主要体现在下列四个方面。

1. 模仿操作法

所谓模仿操作,指的是在音乐活动中,儿童通过教师提供的活动范例,在观察的基础上模仿并进行反复的练习,最终达到记住并再现某一音乐作品或掌握某一音乐技能。

在操作性的学习过程中,应该坚持"小步子原则",即教材需要一步一步地呈现出来,且每一步的难度都要相应地增加,只不过增加的难度系数非常小。同时,要及时强化,在学习者作出反应之后,需要立即给予强化。学习者的行为立即得到教师的肯定,能够帮助儿童保持并巩固习得的知识,也同时能够增进他们学习的信心。

2. 预知学习法

"预知学习"一词源于德国的奥尔夫音乐教育体系,它是一种通过教师的引导,帮助儿童将原有的知识、技能应用到新的问题情境中去的特殊学习方法。"预知学习"的方法能更好地激发大多数儿童对音乐活动的兴趣、动机,使儿童更顺利、主动地直接运用已"预知"的知识、经验进行较高水平层次上的音乐感知、表现和创造。使用"预知学习"的方法,教师在活动设计之前,不仅要熟悉教材,更要"预知"儿童,在此基础上再设计合适的问题情境或材料,引导儿童通过迁移性的自学、互学活动进行大胆的探索和创编。

3. 整体感知法

所谓整体感知法,就是指在音乐教育活动中,利用音乐形式结构自身的整体统一性以及整体协调性,从音乐的整体入手,引导儿童去感知、体验音乐的方法。其突出的优势就是可以让儿童相对容易地感受与体验音乐的整体内容,进而进入到一个具有完整意义的音乐学习。

4. 多感官参与法

所谓多感官参与法,指的是在音乐活动中,能够调动儿童的多种感觉器官来协同参与,以便可以更好地丰富与强化儿童对音乐的感受与理解,体验并享受音乐艺术的美。学习心理学方面的研究告诉我们,个体在认识活动中,如果开放的感知通道越多,就越能够全面、深入地认识对象。因此,这种音乐学习的方法不仅能够有效地提高儿童感知、理解与表现音乐的能力,同时更能够调动与激发儿童参加活动的主动性、积极性。

在实际的音乐教学活动中,因为活动的性质存在差别,儿童参与学习音乐的活动方式也会相应的不同。所以,教师在使用上述的指导方法时,也会有相应的不同侧重点。

综上所述,儿童是进行音乐活动的主体,教师在以音乐教育促进儿童主体性发展过程中,需要合理地按照音乐活动的内容与形式来对学前儿童音乐学习的方法与具体形式进行综合的考虑,把各种方法看作一个互相渗透、互相补充的有机体,以便能够更好地促进音乐教育的最优化发展。

二、小班幼儿歌唱游戏设计要领

(一)歌曲的选择

在歌曲选择上,小班幼儿认知音乐的能力还很有限,但是比较值得庆幸的一点是,小班幼儿对于音乐中的各元素有着异常浓厚的兴趣。尽管他们不能达到比较准确的认知能力,但是,他们对于鲜明的节奏、清晰的旋律有一种比较好的把握。

根据小班幼儿的能力特点,需要注意下列几点:第一,选择的歌曲的时间不宜太长,这主要是由小班幼儿的注意力集中时间比较短这一特点来决定的。第二,曲调简单明了,所涉及到的音域都要符合小班幼儿的声带发育特点,太宽的音域对孩子的声带发育会造成一定的损伤。另外,在音乐的节奏选择方面,也要选择一些简单、节奏型较为单一、明快的歌曲,主要集中在 2/4 或 4/4 节拍上,节奏的变换不要过多,能少则少。第三,歌词方面,尽量选择一些简短、形象、押韵的歌词,这些歌词十分符合小班幼儿的认知水平,对歌曲演唱也会相对有利。

(二)活动准备

1. 教师自身准备

教师自身的准备包括对歌曲材料的分析、对教学对象演唱基础的掌握,以及辅助歌唱游戏的音频、视频资料,普及型基本知识,玩偶,折纸,绘画,故事等。

2. 环境准备

环境准备包括教师和孩子的站位队形、班级黑板或环境的布置、幼儿桌椅的摆放等。

3. 情感准备

为了让小班幼儿更好地投入游戏的情境,要在游戏前进行有关歌词故事的情感引导,使他们更好地融入歌曲游戏中。

(三)活动过程

活动过程的设计是整个歌唱游戏实施的重点和难点。对于歌曲中歌词、情感以及幼儿游戏方式的指导要遵循幼儿是游戏主体这一根本原则。

第五章　幼儿歌曲的活动设计方法

在活动中,建议先从小班幼儿身边熟悉的生活场景和生活经验入手,通过复习与再现,引起幼儿的回忆和成就感,从而与歌唱游戏建立紧密的联系,这样可以避免幼儿对于一些陌生事物失去兴趣后游离在游戏之外。

在歌唱游戏的进行中,教师要时刻让儿童自己去学习、联想与探索,不要拘泥于固定的形式,也不要刻意地去强调歌唱的技术,要把大部分的时间留给孩子自己,让孩子能够在自然、和谐的环境与音乐中去感知并体验歌唱的快乐。在游戏的进行过程中,也需要按照孩子们的演唱能力来对原定歌曲进行歌词、节奏或旋律上的改编,以便能够增加歌唱的趣味性。

(四)教学建议

最好不要给小班的幼儿预设固定的教学目标,要给他们更多的探索空间与时间。小班的幼儿注意力集中时间比较短,要用大部分的时间让孩子们在游戏过程中学会歌唱。在歌曲的题材上,因为小班阶段的幼儿对于家庭的依恋还比较大,所以要尽量选择一些节奏比较明快、内容相对愉快以及和孩子生活内容较为贴切的歌曲,这样才能在有限的教学时间中达到最好的游戏效果。

三、中班幼儿歌唱游戏设计要领

(一)歌曲的选择

在歌曲的选择方面,因为中班幼儿在音域与歌词掌握方面都有了较大的拓展,特别是在呼吸上,这个阶段的幼儿对嗓音的控制能力也极大地增强了,因此,教师对歌曲的选择范围也变得更为丰富。歌曲的题材也能更加广泛,尽量选择一些围绕中班幼儿生活内容的歌曲,找一些适合朗诵与记忆的歌词,并选择一些适合肢体表演的歌唱材料。

(二)活动准备

1. 教师自身准备

教师自身准备包括,歌曲材料的具体运用方式,歌曲范唱与伴奏的准备,以及游戏如何穿插在歌唱中的细节安排。

2. 环境准备

环境准备又分为多方面,包括环境的创设,幼儿桌椅的位置摆放,游戏的氛围与游戏道具的安置等多个方面。

3. 情感准备

教师在游戏前需要安排幼儿体验与歌曲相关的情节,以此作出铺垫,使幼儿自然地导入歌曲所要表达的风格与情感。

(三)活动过程

在演唱中,让幼儿依据歌唱游戏中的内容、角色等合理地选用道具,或者选择不同的表演方式,也可以进行简单的化妆。对于幼儿节奏掌握的方面来说,让幼儿可以自由地使用恰当的节奏展开身体运动。教师采用暗示的方式来提示那些节奏感有困难的孩子,引导幼儿能够正确地感受歌曲。另外,在歌唱游戏中,为了帮助儿童掌握歌曲的旋律,教师也可以在教儿童歌曲的同时,利用一定的直观道具,如图片,或做一些手上的动作将儿童的视觉、动觉上的高低协调和听觉上的高低一致起来,从而保持一种正确的音乐旋律感。

(四)教学建议

在中班幼儿学习歌唱时,音准也是一个相对最为困难的教学目标,唱歌走音的情况时有发生。为了能够尽早地使幼儿形成一种声音高低的正确概念,以便能够促进幼儿音乐的感受力与表现力更好地发展,作为教师有必要在幼儿的歌唱游戏中有意识地增加增强孩子们旋律感的早期训练与培养。

四、大班幼儿歌唱游戏设计要领

(一)歌曲的选择

大班幼儿对于歌曲的曲风、音域、节奏和歌词所表达的情感的掌握,在此时都已经有了比较明显的进步,所以在歌曲的选择上,可以有更多的突破。在这个阶段,幼儿的歌唱技能和水平都有了较显著的提高,并且随着语言和气息的发展,他们能够记住更长、更复杂的歌词,音量也有了明显的提高,所以在歌曲的选择方面可以更加宽泛。各种中外的儿童歌曲,甚至少量健康的成人歌曲,都可以作为教学内容出现在歌唱游戏中。

(二)活动准备

1. 教师自身准备

除了对音乐作品的分析与歌曲的基本技能的准备以外,大班的歌唱游戏能够更多地发挥幼儿的音乐创造力与想象力,还应注重歌曲创编的准备工作。

2. 环境准备

环境准备包括教师的站位,班级黑板或环境的布置,幼儿桌椅的摆放等,注重互动场景的准备。

3. 情感准备

从孩子的生活经验入手,引出歌曲的意境与游戏所要表达的情感。

(三)活动过程

活动过程应该是以幼儿的兴趣集中点为中心,进一步组织有效的有吸引力的互动性的游戏课程,让幼儿培养勇于探索、乐于发现,并带着问题参与游戏的习惯。大班幼儿情感发展也已经有了很大的进步,所以要培养他们学会通过不同的方式表达自我,并且还应积极地鼓励幼儿参与同伴的合作表演,通过合作等过程参与到更多的歌唱游戏中。可以对音乐作品进行分析,并且启发幼儿自己分析、比较,让他们用自己的音色、动作等来表现他们对于歌曲的认识,自己做小导演、小指挥,主动积极地成为歌唱游戏的主导者。

(四)教学建议

以游戏为主的歌唱方式不应该局限于教师的一味讲授和示范,尽量抓住大班幼儿创造力和想象力丰富的特点,让幼儿自己在游戏中学习音乐,在游戏中探索音乐,并让幼儿有能力对歌唱游戏作出合适的评价。

第三节 歌唱活动设计范例

一、小班歌唱活动曲目设计

例 5-1

捉小鱼

黄式茂 词
王履三 曲
魏蕾 设计

$1 = D \dfrac{2}{4}$

1 1̂2 3 4	5 5̂6 5 3	4 4̂5 4 2	3 3̂4 3
许多 小鱼	游来 了,	游来 了,	游来 了,

1 1̂2 3 4	5 5̂6 5 3	4 0 2 0	1 0 ‖
小朋 友们	捉住 它,	快 快	捉牢。

第五章 幼儿歌曲的活动设计方法

图 5-1 捉小鱼儿童图片

游戏设计：

请两位小朋友双手相握并高举，当作是渔网，全体幼儿一个跟着一个走小碎步，两手在身体的两侧做鱼游动的动作，边唱歌边做鱼游动作，到了渔网处要低头游过去，当歌曲唱到"捉住"的时候，渔网要将小鱼套住，而被捉住的小鱼就要坐到位子上。游戏继续进行，当在捉够了 4～5 条小鱼时，请其中两位被捉住的"小鱼"当渔网，替换刚才当渔网的小朋友，而他们则下来作小鱼，这样轮流进行游戏。

例 5-2

两只老虎

法国民歌

$1=C$（或 D） $\dfrac{4}{4}$

| 1 2 3 1 | 1 2 3 1 | 3 4 5 - | 3 4 5 - |
两 只 老 虎， 两 只 老 虎， 跑 得 快， 跑 得 快。

| 5 6 5 4 3 1 | 5 6 5 4 3 1 | 2 5 1 - | 2 5 1 - ‖
一 只 没 有 眼 睛， 一 只 没 有 耳 朵， 真 奇 怪！ 真 奇 怪！

游戏设计：

幼儿挂上自己喜欢的小动物胸饰围坐成一圈，教师扮演老虎和"小动物"一起在中心，边唱边模仿老虎动作，在最后一句"真奇怪"时，每个动物找到座位坐下来，抢到椅子的小动物就成为模仿对象。例如，抢到椅子的小朋友根据胸饰模仿，如胸饰是"小鱼"，这位"小鱼"就说"我是小鱼"，并大声唱出"两条小鱼，两条小鱼，游得快，游得快，一条没有眼睛，一条没有耳朵，真奇怪，真奇怪！"大家在一起边唱改编过的歌曲边在圈内游来游去进行游戏。在最后一句"真奇怪"时再坐到座位上，坐在椅子的幼儿再次成为被模仿者，游戏继续进行。

例 5-3

找朋友

佚名 词曲
毕大华 设计

$1=C$ $\frac{2}{4}$

(5 5 4 | 3 3 2 | 1 3 | 1 -) | 1 2 3 4 |
　　　　　　　　　　　　　　　　　　 找 呀 找 呀

5 6 5 | 5 4 3 2 | 1 3 1 | × × × | × × × ‖
找 朋 友，　找 到 朋 友 碰 一 碰，　碰 哪 里？　碰 碰 手。

游戏设计：

音乐响起，幼儿自由找朋友。唱到"碰哪里？碰碰手"，幼儿和朋友一起拍拍手。

"碰碰手"可以改成"碰碰肩、脚、头"等，让幼儿熟悉身体的各个部位。

例 5-4

我的好朋友

选自《幼儿音乐》

沈欣梅 设计

1=C 4/4

| 1 1̂2 3 3 | 2 1 2 3 1 - | 3 3̂4 5 5 |
Ⓐ我 的 朋 友 名叫某某某， Ⓑ我 的 朋 友

| 4 3 4 5 3 - | 1̂1 6 6 5 5 3 3 | 2 1 2 3 1 - ‖
名叫某某某， Ⓐ某某,某某Ⓑ某某,某某 是我的朋友。

游戏设计：

幼儿分成 A、B 组，坐在面对面的两排，A 组排头的幼儿要唱出 B 组里任一位幼儿的名字。B 组被唱到的幼儿要唱出 A 组排头幼儿的名字，在唱到"是我的朋友"时两人交换位置，再由 B 组排头幼儿开始唱。

如果说出的是自己组里幼儿的名字，则要表演节目。

例 5-5

转圈圈

杨霞丹 词
晓红、维模 曲
美玉 设计

中速 活泼地

1=♭E 2/4

中速 活泼

| 5 1 | 1̂2 1 | 3̂2 1̂2 1 | 5̂5 5 | 2 5 | 6̂2 2 2̂6 | 3̂2 3 2̂6 |
天上 太阳 圆又圆， 我们在地上 转圆圈， 你拉着我， 我拉着他，

| 2̂2 2 2̂4 | 3̂2 1 | 3. | 4 | 5. | 4 | 3. 5 | 4̂2 3 | - |
转呀么转呀 转得圆。 转 呀转 呀好 喜欢，

| 6̂6 5̂3 | 6̂6 5̂3 | 2̂2 4 3 2 | 5̂0 3 0 | 1 0 ‖
阳光下 转呀转呀 转了一个大 圆 圈。

游戏设计：

小朋友围成大圆圈，圈内事先画好 4 个小圆圈，两人一对站小圈内。

音乐起，全体伴唱，圈内小朋友随节奏手拉手自转。音乐结束时，没有转出圈外的小朋友，教师给予表扬。转出圈外的小朋友罚表演节目，然后换人。游戏继续进行。

例 5-6

我是一个粉刷匠

佳其洛夫斯卡 词
列申斯卡 曲
曹永声 译配

$1=C$ $\frac{4}{4}$

| 5 3 5 3 5 3 1 | 2 4 3 2 5　－ | 5 3 5 3 5 3 1 | 2 4 3 2 1　－ |
| 我是一个粉刷匠，| 粉刷本领强， | 我要把那新房子，| 刷得很漂亮。 |

| 2 2 4 4 3 1 5 | 2 4 3 2 5　－ | 5 3 5 3 5 3 1 | 2 4 3 2 1　－ ‖
| 刷了房子又刷墙，| 刷子飞舞忙， | 哎呀我的小鼻子，| 变呀变了样。 |

图 5-2　粉刷匠图片

游戏设计：

一名幼儿扮作"粉刷匠"，其他的幼儿站成一个圈。音乐响起，幼儿一起唱"粉刷匠"的歌，"粉刷匠"则绕着孩子们所围成的圈走动,一边走还要一边做"刷"的动作。在唱到"强""亮""忙"时,粉刷匠的"刷子"碰到了谁,谁就要将手高高地举起。在唱到"变呀变了样"时,"粉刷匠"就要闭上自己的眼睛,指定一个新的"粉刷匠",之后继续游戏。

同时,教师还可以用一些色彩比较艳丽的图片来给孩子们做示范,让幼儿心中对这个"粉刷匠"产生一种好奇心,以便能使游戏顺利进行。

例 5-7

我爱我的小动物

佚名词 曲

1=C 4/4

```
 5 6 5 4 3  1  | 2 1 2 3 5  -  | 3 3 3   5 5 5 | 3 3 2 2 1  -  ‖
1.我爱我的小 羊   小羊怎样叫      咩咩咩  咩咩咩   咩咩咩咩咩
2.我爱我的小 猫   小猫怎样叫      喵喵喵  喵喵喵   喵喵喵喵喵
3.我爱我的小 鸡   小鸡怎样叫      叽叽叽  叽叽叽   叽叽叽叽叽
4.我爱我的小 鸭   小鸭怎样叫      嘎嘎嘎  嘎嘎嘎   嘎嘎嘎嘎嘎
```

游戏设计:

1. 故事导入

教师:"今天是大象的生日,他的四个好朋友要到大象的家里去做客,大象给它的好朋友们准备了一个大蛋糕,想要与好朋友们一起分享。大家都特别高兴地你一言我一语的。""你们听听大象的好朋友都有谁呢?"

2. 播放歌曲

教师:"小朋友,你们听听都有哪些小动物在说话呢?"(播放音乐)

3. 教唱歌曲

教师:"小朋友们,听听小动物们都说了些什么?"教师再进行分段播放音乐,播放音乐之后再进行提问。

教师:"小羊是用什么好听的声音让大象伯伯开门的呀?"(让幼儿学着按照节奏来说歌词,大象听见了小羊好听的叫声,急忙去给它打开门)

教师:"小猫是用一种什么样的好听声音让大象打开门的呢?"(让幼儿学着按照节奏来说歌词,大象听见了小猫好听的叫声之后,急忙去给它打开门)

教师:"小鸡又是用一种什么好听的声音使大象给他打开门的呢?"(让幼儿学着按照节奏来说歌词,大象听见了小鸡好听的叫声之后,急忙去给它打开了门)

教师:"小鸭是用什么好听的声音让大象伯伯开门的呀?"(让幼儿学着按照节奏来说歌词,大象听见了小鸭好听的叫声之后,急忙去给它打开了门)

4. 展示图片,带领幼儿们来理解歌词

教师:"大象的四个朋友全到齐了,还记不记得是哪四个?"
教师:"是不是这四个,(分别展示出小羊、小猫、小鸡、小鸭的图片)大象很高兴,他说要唱首歌去表达自己对好朋友们的爱,让我们一起来听听他是如何唱的。"

5. 学唱歌曲

教师:"听了这首歌你们觉得大象爱不爱他的好朋友啊?我们也来学学这首歌。"

教师带领幼儿哼唱歌曲。

6. 分角色扮演歌唱

让幼儿们分别扮演小羊、小猫、小鸡、小鸭,带上头饰,引导幼儿发挥想象,自由游戏歌唱。同时模仿小动物的动作。(再互换角色)

7. 结尾

教师："小朋友们,是不是全部都找到了自己的朋友？大象这时也有话要跟大家说,我们一起来听听他要说什么？大象说啊：'今天非常感谢大家给我过了一个愉快的生日,我已经很久没有与那么多的小朋友一块过生日了,以后我的每一个生日都希望与大家在一起过。'大象呀要回家了,今天是他生日,那我们就在最后跟他说一句：'再见了大象。'"

二、中班歌唱活动曲目设计

例 5-8

小蜻蜓

周康明 词
钟立民 曲
陈云华 配伴奏

$1=G$ $\frac{3}{4}$

```
3  -  5 | 2  -  . | 6̣  -  - | 5  -  - | 5  -  3 |
小    蜻  蜓,           是     益    虫,     飞    到

2  -  1 | 6̣  -  1 | 2  -  - | 3  -  3 | 2  -  3 |
西    来  飞    到  东,           不    吃    粮  食

1  1̂  2 | 6̣  -  - | 5  -  1 | 2  3  5 | 2  0  3 | 1  0  ‖
不  吃    菜,           是    个  捕  蚊  的  小    英  雄。
```

《小蜻蜓》是一首旋律比较优美的幼儿歌曲,主要由四个乐句共同构成。

游戏设计：

请部分幼儿扮演蜻蜓戴上头饰，其余幼儿扮演蚊子。音乐开始，扮演蜻蜓的幼儿在"蚊子"周围边飞边唱，扮演蚊子的幼儿飞来飞去，歌曲停止时，蜻蜓飞去抓蚊子，"蚊子"往自己位置上逃。在游戏结束时，教师表扬"蚊子"抓得最多的幼儿。

游戏时，必须在音乐停止的时候，扮演蜻蜓的幼儿才能上前抓"蚊子"，否则停止游戏一次。被抓的"蚊子"自动到规定地点等待，不可再回到自己的位子上。

例 5-9

冰糖葫芦

选自《儿童民族舞蹈组合音乐》

高洁 设计

$1=C$ $\frac{4}{4}$

(2. 3 5 0 1. 6 5 | 2 6 1 6 5 -) | 5 5 1 3 2 - | 5 5 1 3 2 - |
　　　　　　　　　　　　　　　　　冰糖葫芦哟，　圆又圆，

1 1 6 1 6 5 | 5 5 6 3 2 - | 2. 3 5 0 1 6 5 |
冰糖　葫芦哟　甜又甜，　　我的冰糖葫芦

2. 3 5 0 1 6 5 | 2 2 3 2 6 1 6 | 5 5 6. 5 - ‖
大家都喜欢，　送给大家　尝一　尝。

图 5-3　冰糖葫芦幼儿图设计

第五章 幼儿歌曲的活动设计方法

游戏设计：

幼儿四散站开，边唱边按照歌词的演唱进度做模仿动作；当唱到最后一句时，要三四个人一组抱成糖葫芦状；音乐结束后，没有与别人抱成糖葫芦的幼儿则算输，要给大家表演一个节目。

例 5-10

小小雨点
童谣

金月苓 曲
陈珂 设计

$1=\flat E \quad \dfrac{2}{4}$

中速 欢快地

(2 2 7̲ 5̲ | 2 7̲ 5̲ | 1̲ 1̲ 3̲ 3̲ | 1 -) | 5̲ 5̲ 3̲ 1̲ | 5̲ 5̲ 3̲ 1̲ |
　　　　　　　　　　　　　　　　1.小 小 雨 点，小 小 雨 点，
　　　　　　　　　　　　　　　　2.小 小 雨 点，小 小 雨 点，
　　　　　　　　　　　　　　　　3.小 小 雨 点，小 小 雨 点，

2̲ 2̲ 2̲ 3̲ | 4 - | 2 2 7̲ 5̲ | 2 7̲ 5̲ | 1̲ 1̲ 3̲ 3̲ | 1 - ‖
沙沙沙沙沙，　落在花园 里，花儿　乐得张嘴　巴。
沙沙沙沙沙，　落在鱼池 里，鱼儿　乐得摇尾　巴。
沙沙沙沙沙，　落在田野 里，苗儿　乐得向上　爬。

游戏设计：

1. 情节导入

教师："我想问一下小朋友，今天的天气是好还是坏呢？昨天是不是下了一场大雨呀？那我们今天就一起来听一首和雨有关系的歌儿怎么样？这首歌的名字叫《小雨点》。下面我们就来听一听歌曲中的小雨点去哪里旅行了。"

2. 听歌曲，尝试演唱

教师："小朋友们，你们知道小雨点都到哪里旅行了吗啦？它们去的地方遇到了谁？它们遇到小雨点之后是一种什么样的反应？"

分段播放音乐，幼儿回答。

教师对幼儿的回答加以整理，并根据歌词进行复述，同时还要按照幼儿的回答，出示花儿、鱼儿、苗儿、花园、鱼塘、田野的图片，以便能引导幼儿记忆歌词。

教师："落在花园里，花儿乐得张嘴巴。"

"落在鱼塘里，鱼儿乐得摇尾巴。"

"落在田野里，苗儿乐得向上爬。"

接下来再次听歌曲，让孩子们感受一下音乐的节奏。

教师："我想再问小朋友们一个问题，'小小雨点小小雨点，沙沙沙沙沙落在花园里，花儿乐得张嘴巴。'在歌中唱了几遍？它们唱的都一样吗？"

接下来再让孩子们听一遍歌曲，达到熟悉歌曲的目的。

3. 学唱歌曲

(1)幼儿分段演唱歌曲，根据图片的提示，用"呜"轻声哼唱整首歌曲的旋律。

(2)教师要引导幼儿一齐唱歌，并且还要运用多种多样的形式让幼儿跟着歌曲进行演唱：坐着唱—站着唱—看图唱。

4. 创编新歌词

在幼儿已经熟悉了歌曲与歌词的前提下对歌词加以创编。

教师："小朋友们，你们是不是已经都十分熟悉这首歌曲了？那我想请小朋友们想一下，小雨点除了歌曲中的花园、池塘、田野中，还会落在什么地方呢？有谁还会欢迎小雨点呢？"

教师请幼儿们举手来回答，然后对歌曲加以创编。

(幼儿们可以回答："落在窗户上，窗户乐开了花；落在树林里，树叶开心得沙沙沙……")

5. 表演游戏

教师:"小朋友们,我们在歌曲里面能听到四个角色对不对? 它们分别是小雨点、小花、小鱼、苗儿,那我们来想一下小雨点是什么样的(用哪种舞姿表演小雨点)? 那么,小花、小鱼、苗儿分别又是什么样的呢?"

教师请小朋友们上去做游戏表演,教师扮作小雨点,小雨点落在哪个小朋友身边,小朋友就要唱歌。

例 5-11

太阳和月亮

李嘉平 词
寒机 曲
杨艳 设计

$1=^bE \quad \dfrac{2}{4}$

| 3·5 5 3 | 5 3 | 5·3 3 1 | 5 - | 3·5 5 3 | 5 3 |
| 月 亮 从 西 边 | 落 下 | 去, | | 太 阳 从 东 边 | |

| 6 6 | 5 - | 5 3 3 | 6 6 5 | 5 3 5 | 6 6 5 | 6·6 |
| 升 起 来。 | | 落 下 去, | 升 起 来, | 落 下 去, | 升 起 来, | 太 阳 |

| 5 3 3 | 2 3 3 1 | 2·3 | 6 6 6 | 5 5 3 | 2·2 2 2 | 1 0 ‖
| 月 亮 来 赛 跑。 | | 啊 哈 哈 | 哈 哈 嘿, | 哈 哈 哈 哈 嘿!

游戏设计:

幼儿站成里外两个圆圈,要把小朋友分成两组,面对面站立,他们分别扮作太阳与月亮。

第1~4小节:"月亮"缓慢地蹲下抱着腿。

第5~8小节:"太阳"缓慢地把手向上升。

第9~12小节:"月亮"与"太阳"做两次同时落下、升起的动作。

第 13～16 小节:"月亮"与"太阳"进行面对面的小跑。

第 17～20 小节:"月亮"与"太阳"边拍手边交换位置后,转换各自的角色继续进行游戏。

例 5-12

小青蛙找家

嘉评、全仁 词
李嘉评 曲
美玉 编游戏

$1=C \quad \frac{2}{4}$

(5 i 5 i | 5 i 5 i | 3 5 2 3 | 5 5 5 | 5 i 5 i | 5 i 5 i |

3 5 2 3 | 1　1 0) | 3 5 2 3 | 5　X | 6 5 6 3 | 5　X |
　　　　　　　　　几只 小青蛙, 呱! 要呀要回家, 呱!

X X | X X | X X | X X | X X X | X X X |
跳 跳, 呱 呱! 跳 跳, 呱 呱! 跳跳跳, 呱呱呱!

X X X | X X X | 2 3 6 | 3 2 3 | 1 － | X 0 ‖
跳跳跳, 呱呱呱! 小青蛙 回 到了 家。 呱!

游戏设计:

幼儿要围成圆圈,圈中画几个小的圆圈。选择几位幼儿扮作"小青蛙"。

第 1～8 小节:随节奏模仿青蛙在原地走一圈。

第 9～20 小节:"小青蛙"叫"呱",大家一起喊"跳",这时扮青蛙的幼儿要模仿青蛙的跳跃动作,在"跳"处根据节奏蹦向小圈中,大家根据节奏来拍手。

第 21～24 小节:全体小朋友拍手伴唱,第一个蹦进小圈内(找到家)的是胜者,胜利者有权力选择别的几个幼儿扮作小青蛙。这样游戏就可以循环重新进行。

例 5-13

太阳公公追雪花

孙延明 词
李嘉评 曲
卢青生 编游戏

$1=D \frac{2}{4}$

| 5 6 | 5 3 | 5 6 | 5 3 | 5 3 | 5 6 | 5 — | 5 6 | 5 3 |
1. 小 雪 花 天 上 出 来 开 了, 天 上 出 来 开, 跳 着 舞 蹈
2. 太 阳 公 公

| 5 6 | 5 3 | 5 3 | 2 3 | 2 — | 3 5 | 3 2 | 3 5 | 3 2 |
落 下 来, 落 下 来, 身 上 穿 着 白 裙 子,
逃 得 快, 逃 得 快, 一 朵 乌 云 飘 过 来,

| 3 2 | 3 5 | 6 6 5 | 6 6 | 5 3 | 2 1 2 3 | 1 | 2 2 | 1 — |
六 个 花 瓣 真 可 爱, 六 个 花 瓣 真 可 爱, 真 可 爱。
太 阳 的 脸 儿 被 遮 盖, 太 阳 的 脸 儿 被 遮 盖, 被 遮 盖。

游戏设计：

教师画出一个规定的活动范围，在这个活动范围内，所有的小朋友可以向任意一个方向站好，请一位小朋友戴上太阳公公的头饰，扮作太阳公公。音乐起，小朋友随着节奏进行即兴表演。做"小碎步"或旋转似一朵朵小雪花翩翩起舞。"太阳公公"穿梭于大家之间，遇到"雪花"就在它的身上拍三下，被拍的小朋友就要立即保持被拍时的姿态，不能动了（这表示雪花已经融化了）。

这个游戏直到所有的"雪花"都"融化"了才结束。最后，小朋友观察这些舞姿，会看到舞姿与造型各种各样，给人一种美的想象。游戏时，"雪花"要尽量躲开"太阳公公"的追赶。

三、大班歌唱活动曲目设计

例 5-14

炼钢

蓝帆 词
李嘉评 曲
卢青生 编游戏

1=C 2/4

（此处为简谱，歌词为：亮闪闪，闪闪亮，块块矿石放光芒，放光芒，放光芒。我们都是小矿石，祖国好像转炉膛转炉膛。转炉转炉快快转呀，快把我们炼成钢！啦啦转炉转炉快快转呀，快把我们炼成钢嘿！嘿！钢嘿！嘿！咳……看呀出钢喽……当！当！当！）

游戏设计：

教师把参与游戏的小朋友分为人数相等的两队。各队一半的人手拉手,围成一个圈当作"转炉",另一半的人要分别坐在两人拉手之间,双臂伸开,搭在左右两边队员的肩膀上当作"矿石"。

游戏开始之后,转炉要根据一定的方向旋转几圈(转的时候可以唱歌)。当裁判员宣布:"出钢喽!"的时候,各个圈子要立即打开一小豁口,转炉内的"矿石"要变成"钢水"从豁口外向30米外的终点线跑去。哪一个队的"钢水"最先跑到终点为胜。

例 5-15

小白手

李嘉评 曲
孔繁雪 编

1=C 3/4

3 5 1 2	3 6 5 —	6 6 5 3 2	1 3 2 —
小 朋 友 呀	小 朋 友，	一 双 胖 胖 的	小 白 手，

3 5 1 2	3 5 6 —	6 6 5 3 1	3 2 1 — ‖
唱 歌 我 们	拍 拍 手，	跳 舞 我 们	拉 拉 手。
见 面 我 们	握 握 手，	再 见 我 们	招 招 手。

游戏设计：

小朋友被分成3人一组，面对面站好。

第一段：

第1小节：小朋友要双手叉腰，头向右摆动。

第2小节：动作同1小节一样，头要向左摆动。

第3小节：双手体前伸出，五指分开，手心向里。头要向右摆动。

第4小节：手心向外翻转，头向左边摆动。

第5小节：双拍手。

第6小节：双臂体侧左右伸开，同左右两侧的小朋友击掌3下。

第7~8小节：三人拉手进行逆时针方向跑跳。

第二段：

第1~4小节：动作和第一段中的1~4小节相同。

第5小节：小朋友双手叉腰，二者互相点头对看。

第6小节：三人手相握。

第7小节：动作同第5小节相同。

第8小节：左手叉腰，右手招手，留一个小朋友，另两个小朋友分别到另外小组，组成新组，重新开始。

例 5-16

大雨小雨

金潮 词曲
占静、魏兰馨设计

$1=\mathrm{C} \quad \frac{2}{4}$

| 5 3 4 2 3 — | 5 3 4 2 3 — | 5 3 4 2 5 3 4 2 | 5 3 4 2 1 1 1 |

1. 大雨哗啦啦， 小雨淅沥沥， 哗啦啦 淅沥沥 大雨小雨快快下，
2. 我们笑哈哈， 我们笑嘻嘻， 笑哈哈 笑嘻嘻 哈哈嘻嘻嘻嘻哈，

| 6 6 5 5 5 4 | 3 3 3 4 5 — | 6 6 5 5 5 4 | 3 3 3 4 2 — |

大 雨 哗啦啦，小雨淅沥沥， 大 雨 哗啦啦， 小雨淅沥沥，
我 们 笑哈哈，我们笑嘻嘻， 我 们 笑哈哈， 我们笑嘻嘻，

（间奏）

| 5 5 5 3 5 5 5 3 | 4 4 4 2 4 4 4 2 | 5 3 4 2 1 1 1 | (5 3 4 2 1 1 1) ‖

哗啦啦 哗啦啦 淅沥沥 淅沥沥 大雨小雨快快下。
笑哈哈 笑哈哈 笑嘻嘻 笑嘻嘻 哈哈嘻嘻嘻嘻哈。

游戏设计：

1. 导入情景，引出主题

教师："小鸡和小鸭是好朋友，有一天，它们约好一块出去玩。但是，天色却慢慢变暗了，小鸡就问小鸭：'你看这天气，可能会下雨，我们还出去玩吗？'小鸭想了想说：'要是下小雨的话，我们就带上伞出去玩，要是下大雨的话，我们就不出去了，我们在家里看动画片吧。'小鸡听了之后就同意了。"

教师："小朋友们，你们谁观察过雨是什么样的呢，是什么颜色呢？"（幼儿回答）

教师："那你们知道大雨和小雨之间的区别吗？"幼儿回答，教师要展示大雨和小雨的不同图片。

教师："今天呀，老师与小朋友们一块来听一首很好听的歌，让我们听听大雨和小雨之间有哪些区别？"教师播放一遍歌曲。

2. 展开活动

(1)提炼歌词,练习打节奏

教师:"小朋友们,刚才你们在歌词中都听到了什么呀?"

小朋友争先说出答案。教师也要立即提炼出歌词的内容。

教师:"我们再来听一遍歌曲,这一遍,请小朋友们一边听歌曲,一边用小手打节拍好吗?"

教师引导幼儿练习节奏 ×× ××|×× ××|,教师首先要用手示范,一边打着节奏一边唱歌。

教师:"小朋友们,你们在音乐中听到下大雨时会发出怎样的声音呢?那下小雨时又会有什么样的声音呢?"

(2)念歌词,初步学习演唱

教师引导幼儿对歌词进行完整读念,并尝试着跟着歌曲的旋律进行演唱。

教师:"小朋友们想一想,如果我们要用动作区分大雨和小雨,该怎样区分呢?"

引导幼儿用动作来表演下大雨和下小雨之间的区别。同时,鼓励幼儿想象大雨和小雨在声音上的差别,并用嗓音把大小雨之间的不同表达出来。教师展示并讲解大雨和小雨的图片。教师指出相对应的图片,给幼儿歌词以提示,使幼儿能够跟随教师一起练习歌唱。

(3)熟悉歌曲,合作对唱

教师:"现在我来唱下大雨的部分,你们一起来唱下小雨的部分,好不好?"

教师与幼儿合作对唱部分,并且让幼儿尝试用自己想象的雨点声音来替代歌词,如哗啦啦啦、淅沥沥沥等。

教师:"小朋友们,今天我们认识了大雨和小雨的区别,接下来,我们就一起来玩一个小游戏吧。"

3. 游戏——大雨和小雨

游戏设计：

教师把幼儿分成两组，一组拿着塑料袋，一组拿着 A4 彩纸，当唱到响声词的时候，幼儿分别用手搓塑料袋与 A4 纸，并开始对唱，之后两组互换。还可将幼儿分为两人一组，进行合作对唱。

例 5-17

铃儿响叮铛

（美）彼尔彭特曲
杨艳 设计

1=G 4/4

5 | 5 3 2 1 5· | 5 5 | 5 3 2 1 6· ∨ | 6 | 6 4 3 2 7· | 7 |
冲　破　大风雪，　我们　坐在雪橇上，　快奔驰过田野，　我们

5 5 4 2 3· | 5 | 5 3 2 1 5· | 5 | 5 3 2 1 6· | 6 |
欢笑又歌唱。　马儿　铃声响叮当，　令人精神多欢畅，　我们

6 4 3 2 5 5 5 | 6 5 4 2 1 | 0 ‖: 3 3 3 | 3 3 3 |
今晚滑雪真快乐把　滑雪歌儿唱。　　　　叮叮当　叮叮当

3 5 1 2 3 - | 4 4 4 4 3 3 3 3 | 3 2 2 1 2 5 :‖ 5 5 4 2 1· ‖
铃儿响叮当，　我们滑雪真快乐我们　坐在雪橇上。嗨！　坐在雪橇上。

游戏设计：

幼儿要站成一个圆圈，面向圆心，教师请一个幼儿站到圆圈中间扮作圣诞老人。

前奏：全体幼儿在圆圈上做顺时针运动，小朋友们要一边拍手一边小跑步，同时，圣诞老人也要在圈中做相同的动作。

第 1～3 小节：幼儿的双手要打开，脚下做垫步。

第 4～5 小节：幼儿的双手上举，手心向内，随着身体而左右摆动。

第6～9小节:全体幼儿都要做拍手的动作,圣诞老人点要坐雪橇的幼儿,被点到的小朋友要排到圣诞老人的后面,在圈内做小跑步动作。

第10～11小节:没有被点到的小朋友要在圈上继续拍手,而点到的小朋友则在圈中继续跟在圣诞老人的后面作小跑步动作。

第12～13小节:圈上的幼儿拉着手进行顺时针转圈,圈内的幼儿和圣诞老人做扬鞭跑跳步的动作。

第14小节:圣诞老人手持帽子传递给另外一位幼儿扮作圣诞老人。间奏时,请圈中的幼儿回到外面的大圈中,游戏则可以继续进行。

例 5-18

酸酸葡萄

彭野 词曲
张梦翎 设计

$1=D \frac{4}{4}$

```
1 1 2  3 3  0 0 | 4 3 2 4  5 4 3  0 0 | 1 1 2  3 3  0 0 |
有一只 狐狸        走过 葡萄  园,       它看见 葡萄

4 3 2 4  5 4 3  0 0 3 | 5 3  6 5  0 0 3 | 3 2  4 3 3  0 0 |
大 又 圆,        它 心里 发痒,       它 嘴里 发酸,

1 1 2  3 2  0 0 | 6 2 6  2 1  0 0 3 | 5 3  6 5  0 0 |
它多想 摘来       解 解 馋。       它 跳啊,跳啊,

3 2  4 3 3  0 0 | 1 1 2  3 2  0 0 | 2 2 1  3 2 3  0 0 3 |
跳啊,跳 啊,     跳啊,跳 啊,      怎么也 摘不到;  它

5 3  6 5  0 0 | 3 2  4 3 3  0 0 | 1 1 2  3 2  0 0 |
跳啊,跳啊,      跳啊,跳 啊,      跳啊,跳 啊,
```

```
6 2 6  3 3 1  0  0 | 1  -  5̲ 1̲ 2̲ 3̲ | 4. 5̲4̲ 4. 0 |
怎么也 够不着;      它       安慰 自己    说,

2  -  2̲ 1̲  3̲4̲3̲2̲ | 2  -  -  0 | 1  -  5̲ 1̲ 2̲ 3̲ |
葡     萄    太 酸,                 它     对着 自己

4. 5̲4̲ 4. 0 | 2  -  2̲ 1̲ 2̲3̲2̲1̲ | 1  -  - 0 ||
说,            葡    萄   太  酸。

X X  X X  X X X X  X | X X  X X  X X X X  X |
吃不到 葡萄 就说葡萄 酸, 吃不到 葡萄 就说葡萄 酸,

X X X X  X X X  X X X X  X X X |
你说应当 不应当, 你说应当 不应当,

X X  X X X  X X  X X X  X X  X X X  X X  X X X ||
应当 不应当, 应当 不应当, 应当 不应当, 应当 不应当。
```

游戏设计:

1. A 段部分:领头人做动作,在圈外随音乐走动找朋友,其他的幼儿则围成一个圈坐下,边唱边学相应的动作。

第 1~16 小节:在胸前转动两次手腕,再到右侧转动两次手腕。

第 17~19 小节:拍击自己胸口。

第 20 小节:在歌词"酸"字的地方双手在胸前向前推出;间奏:双手在胸前做火车咕噜转动作。

第 21~24 小节:动作和第 17~20 小节一样。

2. 间奏部分:玩追逃的游戏,先抢到椅子的小朋友为赢,没有抢到椅子的小朋友则进入到圈中扮作狐狸。

3. B 段:玩逗狐狸的游戏,没有抢到椅子的小朋友扮狐狸,而其他的人则扮作逗狐狸的人。

第 25~26 小节:双手在嘴巴旁做吃东西的动作,每两拍做

一次；

第 27 小节：双手在耳朵的两边做转手腕的动作，每两做拍一次。

第 28～29 小节：歌词中"应当"动作——双手拍胸前，一拍一次；歌词"不应当"动作——双手从胸前往外推出，一拍一次。

第六章　教学参考曲目精选

声乐是一门实践性极强的表演艺术，它不仅要求声乐演唱者理解作品，还要能够运用嗓音的表现技巧来谋篇布局，从而正确诠释原作，充分发挥演唱的艺术表现力。本章选取一些经典作品，供教学参考。

第一节　中国声乐作品

一、中国民歌

(一)《沂蒙山小调》

例 6-1

沂蒙山小调

山东民歌

$1=\flat B$　$\frac{3}{4}$　$\frac{4}{4}$

中速　歌颂地

(i 3 2 3 | 5 2̲7̲6̲5̲ | 6 - - | $\frac{4}{4}$ i. 2̲7̲6̲5̲3̲ |

$\frac{3}{4}$ 5 - -) ‖: 2 5 3̲2̲ | 3 5̲3̲2̲1̲ | 2 - - | 2 5 2 |

1. 人 人(那个)都 说　(哎)　　沂 蒙 山
2. 青 山(那个)绿 水　(哎)　　多 好 儿
3. 高 粱(那个)红 来　(哎)　　豆 花 儿
4. 幸 福(的那)生 活　(哎)　　多 美

第六章 教学参考曲目精选

$\widehat{3\ 5\ 3\ 2\ 1\ 6}\ |\ \dot{1}\ -\ -\ |\ \dot{1}\ 3\ \widehat{2\ 3}\ 5\ |\ \dot{2}\ 7\ 6\ 5\ |$

好， 沂 蒙（那个）山 上（哎）
看， 风 吹（那个）草 地（哎）
香， 万 担（那个）谷 子（哎）
好， 沂 蒙 山 的 人 民（哎.）

$6\ -\ -\ |\ \dfrac{4}{4}\ \dot{1}.\ \dot{2}\ 7\ 6\ 5\ 3\ |\ \dfrac{3}{4}\ 5\ -\ -\ :\|\ \dot{1}\ 3\ \widehat{2\ 3}\ |$ （rit 渐慢）

好 风 光。 沂 蒙 山 的
见 牛 羊。
堆 满 仓。
喜 洋 洋。

$5\ \dot{2}\ 7\ 6\ 5\ |\ 6\ -\ -\ |\ \dfrac{4}{4}\ \dot{1}.\ \dot{2}\ 5\ 6\ |\ 5\ -\ -\ -\ \|$

人 民 哎 喜 洋 洋。

演唱指导：

这首作品适合带民歌色彩的女高音演唱，虽然音域不宽，但音色要明亮优美，音质要结实圆润。如嗓音条件较好的演唱者，全曲可以用真声演唱，这样能够把山东人民热情豪放、率直开朗的风格充分表达出来。对于初学歌唱者可以用假声张大嘴的训练演唱，能较快地把女高音假声带出来。

该曲在演唱时，气息的控制和运用有一定的难度，每一乐句拉得比较开，却又不能中途换气，要求气息吸得深广，即"呼吸支点"要深而有力，随着平稳、奔放的中速旋律，将气息有控制地、有韧性地慢慢向外托送，在平稳自然的气息状态中抒发作品的内容。在咬字、吐字时，应注重子音的清晰。字头的力度要适当加强，使发出的字音有弹性，而衬词的演唱则要求柔和圆润。

根据歌曲欢快喜悦和抒情赞颂的特点，咬字、吐字应注重子音的清晰。字头的力度要适当加强，使发出的字音有弹性，而衬词的演唱则要求柔和圆润。另外还可以在音程跳进的前半句加滑音处理，更能表现欢乐喜悦的情绪；在音程级进的后半句，加上颤音演唱，更能体现人民对家乡的热爱和对共产党的深情。同时在第三句第一小节的第二拍"3"前加上前倚音"5"则能更好地表现山东人民粗犷豪放、洒脱开朗的性格和语调,使整个乐曲统一完整。

(二)《嘎俄丽泰》

例 6-2

嘎俄丽泰

哈萨克族民歌
佚名 词曲

第六章　教学参考曲目精选

$\frac{3}{4}$ 1 - - | $\frac{2}{4}$ 1. 0 | 0 0 | $\overset{pp<}{\overset{\frown}{1}}$ - $\overset{p}{}$ | 7 7 6 5 | $\frac{3}{4}$ 7 7 6 3 - |
带？　　　　　　　　　　　啊！　嘎俄丽泰，　嘎俄丽泰，

$\frac{2}{4}$ 3 1 2. 7 | 5 - | 1 2 3 i | 6. 6 5 3 2. 7 | $\frac{3}{4}$ 1 - - | $\frac{2}{4}$ 1. 0 |
我的心　爱！　有谁告诉　我，你搬向哪一　　带？

演唱指导：

整曲安排布局规整，给演唱者提供了良好的启示。

第一乐段：感情亲切，音乐层次清晰。演唱时的声音和气息控制应该平稳柔和、亲切自如。其中，第二句"野火样的心情来找你"是第一句"嘎俄丽泰今天实在意外"在感情上的发展。演唱此句时，声音应该随着渴望情绪的增加而推送出来。接着的"帐篷不在你也不在"较前句"为何你不等待"在感情上显得更失望了，声音也应随之低沉而无可奈何。之后，每一句都应随着向上级进的旋律平稳地把声音逐渐放开，然后随着跳进下落全曲最低音，用叹气感把声音唱出来，但声音的高位置不变，前后声音要统一，把主人公找不到心爱的嘎俄丽泰的失落惆怅的心情用声音表现出来。

第二乐段："在"字到"啊"字是一个十一度的大跳，从全曲的最低音跳到最高音，这是在音区、音色、音量上鲜明的对比。因此，演唱时一定要激情奔放，在加强呼吸有力支撑控制的基础上，靠气息下沉的力，把声音集中在高音上站住。无论是直接用 f 的力度音量演唱，还是由 mp 的力度音量开始由弱渐强的方法演唱，都要以最热烈的情感来发挥、体现。这样才能表达主人公呼唤嘎俄丽泰的热烈心情和对爱情的忠实。

最后十小节的尾声，要用"pp"的力度音量演唱。这种半声唱法有一定的难度，要使轻巧柔和的声音集中漂浮在高位置上，实而不虚，就要具备有较好的呼吸控制技巧。如果不能较好地控制呼吸，就会产生破音或音高偏低的现象。为此，演唱时要求整个口腔的发声器官要有意识地打开，并保持一种吸气、半打哈欠的演唱状态，使声音集中并有明显的穿透力。这样的演唱方法和处

理,能更好地表现作品,表达主人公对嘎俄丽泰的爱恋是那么深沉执着,是那么亲切感人。

(三)《龙船调》

例 6-3

龙船调

湖北民歌

$1=C\ \frac{2}{4}$

(乐谱略)

演唱指导:

该曲以民间歌舞曲形式流传于群众中,音域是 $e^1—g^2$。歌词采用十二月体式,前 7 句为五言句,第 8 句变成七言句。演唱时要注意人物和简单的情节,利用民歌对唱的形式演唱,要注意使音乐变得此起彼伏、充满变化。特别是第 8～15 小节,一连串的短乐汇对答,要使相互玩耍的人物性格得到逼真的体现,同时也要注意将歌唱的气氛推到高潮。衬词在这里发挥了极为重要的作用,这些衬词分为两类,一类是虚词句,如首句后面的"哪衣哟喂"和末句之前的合腔"哦阿喂呀左哦阿喂呀左",以其特殊的方言乡音烘托了正词唱句。演唱时,要很好地抒发人物内心诙谐而乐观的情绪,唱衬句时要唱得轻松愉快流利。另一类是固定组合起来的虽有实意但与正词句无直接关联的衬句,如 8～12 小节处的"金那叶儿锁,银那叶儿锁,洋雀叫那哈,摇着鹦哥,摇着鹦哥",以密集的句式,在演唱中要突出一种轻松欢快的情趣。唱划船号子时,要唱得有劳动节奏感,但又不能过于着力而沉重。唱到结尾时,歌声渐渐减弱,表现出船由近而远的情景。

由于利川县靠近四川,在唱"年""娃"等字后面依据当地的语言习惯加上儿化韵,如"年儿""娃儿"更能表达乡土特色。

二、中国艺术歌曲

(一)《又唱浏阳河》

例 6-4

又唱浏阳河

郭天柱 词
邓东源 曲

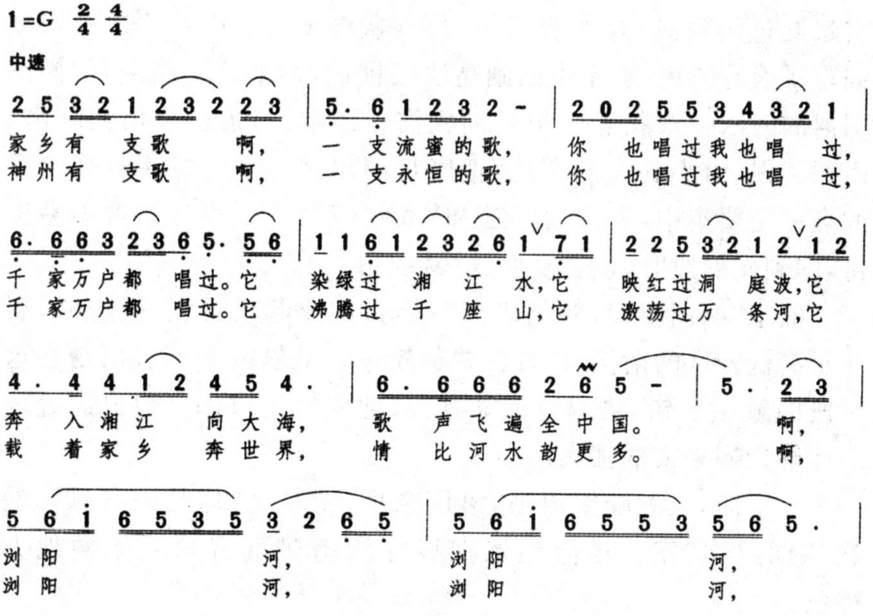

演唱要领：

该歌曲的音域为 $d^1—a^2$，适合女高音声部演唱，中、高级程度。歌曲速度适中，呈示段有两段歌词，主要是回忆，是深情的诉说，演唱宜运用软起音的手法，吐字清楚，尽量保持高位置的头腔共鸣，这样才能使声音连贯柔美、清亮圆润。"它染绿过湘江水，它映红过洞庭波，奔入湘江向大海，歌声飞遍全中国。"这一句歌词写得很有特色，音乐由低到高层层推进，逐渐达到高潮，仿佛浏阳河的河水一浪接着一浪奔向大海。演唱时，需注意由低到高、由弱到强、由小到大的变化，把气势唱出来。同时要注意高位置的点一定要集中，吸开"鼻腔"和"喉咽腔"，否则声音位置不易保持，唱到发展段时，就容易变成"喊歌"。

歌中"啊浏阳河，啊浏阳河"一句，旋律起伏较大，演唱时，要注意高低音区的衔接，声音位置的统一。此歌的最高音出现在这一段的最后一句，要唱得饱满有力，把握好气口，一气呵成，表现出能够把握未来的强大信心。

演唱时，注意咬字清晰，语调亲切，尤其是"你是一支流蜜的歌"中的"你"字。还要注意把握好湖南民歌音乐元素的地方特色。

第六章 教学参考曲目精选

这首歌表达了对以毛泽东同志为首的老一辈无产阶级革命家的感激和崇敬，整首歌无一处明写却又处处在唱，这就要求演唱者要把感激和崇敬的心情，以及在无产阶级革命家精神的鼓励下勇于开拓进取的自信充分表达出来。

(二)《梅花引》

例 6-5

梅花引

韩静霆 词
徐沛东 曲

演唱指导：

歌曲以梅花为题。描绘了红梅傲立霜雪、孤芳高洁的品格与心绪，抒发了梅花红颜寂寞和期盼春天的情怀。

此曲音域 $d^1—g^2$，适合女高音声部演唱，中级程度。

这首抒情歌曲旋律优美、格调清新。要准确理解歌词内涵，把握好音乐线条，吐字要清晰，声音要唱得柔和、通畅、连贯，字与声情都要有良好的气息支持。高音上的"i"母音不能挤着唱，而是要用气在打开好的喉形里，用发宽母音 a、o、u 的方法演唱，如歌词中"冰心"的"心"字，"霞衣"的"衣"字等。

（三）《军营飞来一只百灵》

例 6-6

军营飞来一只百灵

赵思恩 词
姜一民 曲

$1=\flat B$ $\frac{4}{4}$

快板 活泼地

| 6 1 7 6 3 | 6 7 1 2 3 — | 3 4 3 2 3 4 6 | 3 — — — |
天边 飘过 一朵白云， 啊
天边 飘过 一朵白云， 啊

| 2·3 4 6 | 3 4 3 2 1 6 | 7 1 7 6 7 1 3 | 7 — — — |
军营飞来 一只百灵。 啊
军营飞来 一只百灵。 啊

| 6 1 7 6 3 | 6 6 7 1 2 3 — | 3 4 3 2 1 7 6 | 3 — — — |
她唤醒冰山 寂寞的梦 境， 啊
她摇曳戈壁 弯弯的月 亮， 啊

| 2 4 3 2 6 | 6 3 4 3 2 1 6 | 7 3 3 3 1 7 | 6 — — — |
她给 士兵带 来了 少女的温 馨。
她把 温柔洒 满了 冰雪的边 境。

演唱指导：

《军营飞来一只百灵》属于高级程度的艺术歌曲，由花腔女高音演唱。这首欢快动听的军旅歌曲，需要演唱者用高低自如、通畅灵巧的声音来表现。特别要注意的是，应以轻松愉悦的情感来带动流畅的声音，对不时出现的音程大跳和一直在高音区徘徊的中段，以及结尾处音域达十三度的大跨度琶音，需要演唱者声音放松。

乐曲开头三个乐句都是唱一句歌词就附带一个"啊"衬词拖腔，这样的创作手法给演唱者带来了极大的声音表现空间，可以考虑在唱歌词时，声音带有一定的跳跃性，而在唱拖腔时，声音要连贯并舒展，以此产生力度和节奏的对比，使作品得到更好的诠释。

三、中国歌剧选曲

(一)歌剧《芳草心》选曲《小草》

例 6-7

小草

歌剧《芳草心》主题歌

向彤 何兆华 词
王祖皆 张卓娅 曲

1=F 2/4

中速 纯朴地

(6 3 6 3 | 1 3 6 3 | 6 3 6 3 | 1 3 6 3) | 6 6 1 7 | 6· 0 | 6 6 3 2 |
　　　　　　　　　　　　　　　　　　　　　　　　　没有花　香，　没有树

3· 0 | 3 3 5 3 | 2 2 1 7 7 | 6 0 5 | 3· 0 | 6 6 1 7 | 6· 0 |
高，　我是一棵　无人知道的　小　草；　从不寂　寞，

6 6 3 2 | 3· 0 | 3 3 5 3 | 2 2 2 1 | 7 6 6 5 | 6· 0 ‖ 7 6 3 |
从不烦　恼，　你看我的　伙伴遍及　天涯海　角。　春风啊

7 6 3 | 5 6 6 #4 | 3 — | 7 6 3 | 7 6 3 | 5 6 6 #4 | 3 — |
春风你　把我吹　绿，　阳光啊　阳光你　把我照　耀，

2 2 6· | 2 2 4 | 3 2 2 1 | 2 — | 2 2 6· | 1 1 0 2 | 7 6 6 5 | 6 — ‖
河流啊　山川你　哺育了　我，　大地啊　母亲把　我紧紧拥　抱。

演唱指导：

这首歌曲以拟人化手法，通过小草的自述，生动展现了一个虽默默无闻，但却深情倾诉着自己对春风、阳光、河流、山川、大地的渴望与热情的鲜活生命。在演唱的艺术处理上要求用亲切自然的声音来表现，气息控制要平稳，而且吐字清晰流畅，并保持恬静优雅、真挚朴实的风格。尤其是第二段反复的乐段，要求能适当加重语气，使情感内涵的表达能够有更深一层次的力度，以达到真切动人的效果。

(二)歌剧《红珊瑚》选曲《珊瑚颂》

例 6-8

珊瑚颂

赵忠、钟艺兵 林荫梧、单文 词
王锡仁、胡士平 曲

演唱指导：

歌曲的第一段借助对红珊瑚"风吹浪打花常开"的景物描写，歌颂了珊妹坚强不屈的斗争精神，演唱时要体验身临其境的感觉。歌曲的第一部分由"起、承、转、合"的四个乐句构成。演唱时注意首句是全曲的核心音调，那宽广悠远的气势要在依字行腔中体现出来，要在起伏跌宕的旋律中充分展现人物的形象。歌曲从"云来遮，雾来盖"的第二部分开始，旋律曲折低回，与前一部分形成对比。从第二句"云里雾里放光彩"起,将第一部分的音乐重新组合,把音乐推向了高潮。演唱时要注意辙口的音素组合,"海"(hǎi)、"开"(kāi)、"来"(lái)、"彩"(cǎi)等字的韵母"ai"发音口形先大后小,各是圆扁形。"a"做为主要母音,延长时运腔要圆满,字尾收音到"i"时要轻巧,收准收住,做到字正腔圆。

第二段以"红灯高照云天外"与"迎接救星上岛来"的描述,表达出渔民盼望亲人解放军解放海岛的急切心情。这一段是前一段情感的引申与发展,演唱时要注意愤怒层次的递进,高潮处声音要自然通畅。两段结尾处的两小节婉转的拖腔,给人以沁人心脾、回味无穷的感觉。在演唱时要亲切甜润、柔和委婉,声音既不能太重而超过主旋律,又不能过轻而失去衬托的作用,要使声音恰到好处。

(三)歌剧《伤逝》选曲《一抹夕阳》

例 6-9

一抹夕阳

王泉、韩伟 词
施光南 曲

第六章　教学参考曲目精选

(乐谱部分，简谱记谱)

歌词：
封建家庭的牢笼，去寻求自由的爱情，去寻求自由的爱情。啊　心中的歌，歌中的情，唱不尽姑娘的心声。啊　诗一样的花，花一样的梦，他是我心中明亮的星。一抹夕阳映照窗棂，串串藤花送来芳馨。望着窗前熟悉的身影，我的心啊难以平静，我的心啊难以平静。

演唱指导：

这是歌剧《伤逝》"夏"中子君的咏叹调。全曲刻画出子君端庄、稳重、文静、含蓄又充满活力并饱含爱意的美好形象。歌中描述了子君获得自由后精神的升华、心境的坦荡、情怀的舒畅和爱情的满足。

此曲为三段体曲式，在音乐上比较单纯，旋律多在中音区流动。节奏平稳，乐句不长，没有过高或过低音的保持。速度、力度变化不大，但音乐内涵丰富、表情细致，特别是乐曲中段"啊！心中的歌，歌中的情……诗一样的花，花一样的梦……"有三连音、四连音的乐句，可将2/4拍传统重音律动打破，不要死守小节线，心中要有三拍子的感觉，把二拍当三拍来演唱（乐队依旧保持二拍的感觉），依照旋律线条，自然、清晰地将情感融入旋律之中，表达出三连音、四连音特有的韵味。

第二节 外国声乐作品

一、外国民歌

(一)《纺织姑娘》

例 6-10

纺织姑娘

俄罗斯民歌
何燕生 译词
章枚 配歌

1=D 6/8

1.在那矮小的屋里，灯火在闪着光，年轻的纺织姑娘坐在窗口旁。年轻的纺织姑娘坐在窗口旁。
2.她年轻又美丽，褐眼睛亮闪闪，金黄色的辫子垂在肩上。金黄色的辫子垂在肩上。
3.她那伶俐的头脑，思量得多深远，你在幻想什么美丽的姑娘？你在幻想什么美丽的姑娘？
4.在那矮小的屋里，灯火在闪着光，年轻的纺织姑娘坐在窗口旁。年轻的纺织姑娘坐在窗口旁。

演唱指导：

这首歌写的是流落异地的男子对远方女子的怀想，音乐上运用了女子生活的节奏，整体的情绪是女性化的，应该说，在歌词与音乐上存在"有意的错位"。之所以会这样，一来这是男子的精神之恋，二来也是纺织姑娘的形象描写使然。歌中的错位需要演唱者在仔细领会音乐后客观定位。

这首歌适合女声声部演唱，演唱时要把握好 3 次分解和弦的旋律，尤其是最后一次的复音程进行，要做到蕴藉柔润。当然，整体 6/8 拍子的流畅与律动，也需要细加揣摩。这首歌尽管有十三度音域，依然属于初级程度。

（二）《照镜子》

例 6-11

照镜子

罗马尼亚 民歌

考什布 作词

$1=\flat B \quad \frac{2}{4}$

3 6 6 7	i 7 6 6	6 0	i i i i	3 2
1.妈妈她到	林里 去了，		我在家里	闷得
2.镜子里面	有个 姑娘，		那双眼睛	又明
3.看我长得	多么 漂亮，		谁能说我	不够

i i .	i 0 ‖: 3 3 3 3	4 3 2 i	2 2 2 2	3 2 i 7 6
发慌。	墙上镜子	请你下来	仔细照照	我的模样，
又亮。	镜子里面	不是我吗	脸儿长得	多么漂亮，
漂亮？	妈妈给我	做了一件	多合身的	绣花衣裳，

3 6 6 6	7 i 2 i	1. 3 4	5 4 :‖ 2. 7 i 7	6 0 ‖
让我来把	我的房门	轻轻	关上， 轻轻	关上。
耳边戴着	一朵鲜花	美丽	芳香， 美丽	芳香。
妈妈有了	我这女儿	多么	欢畅， 多么	欢畅。

演唱指导：

这是一首初级程度的女声歌曲，男声亦可演唱。这首歌可特别用作呼吸的练习曲目。演唱这首歌在技术上有两点最为关键。第一点是呼吸的灵活把握，前两句分别在宽节奏后还有一拍休止,可比较从容地换气,后两句在句法上与前两句恰成对比,节奏密不透气,要求呼吸的有关肌肉富于弹性,在不影响节奏节拍的前提下"偷气"。同时第三句中间按词意意群要有断的感觉,也需要很好地控制,做到"声断气不断"。第二个关键之处是第四句尾上4个自由延长的四分音符,要用弱声唱得悠扬自足才对。要唱好它,须在前一个音后口鼻同时吸气,神定气闲地从容发音,才会游刃有余。

(三)《在路旁》

例 6-12

在路旁

巴西民歌

倪菲娟 译

刘淑芳 配

演唱指导:

歌曲《在路旁》有着"索达代"的情调,全曲围绕着d和声小调的主音、属音构成对衬整齐的音乐,旋律较平稳,八分音符缓缓的进行表现出深刻的内心感受。弱起节奏和上行的四度、五度跳进又使歌曲具有一种热情和渴望。

演唱这种感情真挚、朴素的民歌,我们应该把握住声音亲切、自然柔和的特色。更多层地从音乐与歌词的内涵上、调式调性的特点乃至和声特色上去捕捉到歌唱时的内心感觉,深入地展示歌曲的魅力。同时对歌曲的音程关系及音准节奏应准确无误。全曲由始而终都不应唱得响亮激昂,结束句的 f² 音也不例外。

此曲适合低年级初级程度男、女各声部演唱。

二、外国艺术歌曲

（一）《我亲爱的》

例 6-13

我亲爱的

[意]乔尔达尼 曲
尚家骧 译配

演唱指导：

这首歌曲属于初级程度，男女声部都可以作为演唱的曲目，男、女高音可用 F 大调演唱，男、女中音可用 D 或 ♭E 大调演唱，男、女低音则可用 ♭B 或 C 大调进行演唱。

该曲在发声方法上有几处的声音要从下而上做四度的跳跃，甚至高音处还要延长，须做到呼吸的柔和稳定及喉咙的充分打开，以便取得良好的头腔共鸣和声音的圆润流畅。这首歌曲既可作为声乐教学训练中的必唱曲目，也是许多歌唱家在音乐会上经常演唱的保留歌曲。

(二)《乘着那歌声的翅膀》

例 6-14

乘着那歌声的翅膀

[德]海涅 诗
[德]门德尔松 曲

第六章 教学参考曲目精选

（乐谱部分）

演唱指导：

这是一首属于初、中级演唱程度的歌曲，可用于所有声部。该曲中并没有使用渐慢（rit.）等表情术语，但作曲家以加长的音符时值来表现效果，如第 19 至 20 小节的降 E 和最后第 36 至 42 小节的尾声。所以演唱时不用把速度作渐慢处理，应保持原速，最终，慢慢地落到中音上，以产生旋律漂浮在空中的意境。

全曲的 195 个音符中，竟有 57 个是中音，差不多占所有音符的三分之一，而主音却仅出现七次，一次是在第一和第二节的末尾，一次是在最后结束之前。旋律上这种平稳流畅的特点，加上以十六分音符构成的上行琶音的伴奏，让人联想到乘着小舟在平静的湖面上游荡着，心情是那样舒畅，画面是那样平静，这与此曲的表情术语 Andante（行板），Tranquillo（平静的）和 6/8 的拍号所暗示的完全统一。因此，演唱时需要唱得非常轻柔、连贯，在标有 ƒ 处，亦不益过强，最终渐弱直至消失在梦境中。

（三）《索尔维格之歌》

例 6-15

索尔维格之歌

［挪］易卜生 词
［挪］格里格 曲
邓映易 译配

1=C 4/4

稍慢

3 | 6 7 1 2 3 4 | 4 3 3 1 6 6 1 | 1 7 7 #5 5 3. 3 | 3 0 0 3 |
1.冬天 早过去，春天 不再回 来，春天 不再回 来， 夏
2.任 你在哪里，愿 上帝保佑你，愿 上帝保佑你， 当

6 6 7 1 2 3 4 | 4 3 3 1 6 6 1 | 1 7 7 5 5 3. 3 | 3 0 0 0 3 |
天也将消逝，一年 年地等 待，一年 年地等 待； 但
你在祈祷，愿 上帝祝福你，愿 上帝祝福你。

渐强

3 #5 7 1 6 3 #2 | 7 2 #1 6. 6 | 1 7 7 6 3 0 3 | 3 #5 7 1 6 3 #2 |
我 始终深信，你一 定能回来，你 一定能回来， 我 曾经答应你，我要
我要永远忠诚地 等你回来，等 待着你回来， 你 若已升天堂，就在

7 7 2 #1 6. 6 | 1. 7 7 7. 6 | 6 - 6 0 | 3 - - - |
忠诚等待你，等 待着你回来。 啊
天上相见，在 天上相见！

转 1=A（前3=后5）

稍快

5. 6 5. 4 3. 4 | 5 0 5 - | 5. 6 5. 4 3. 4 | 5 - - |
啊

5 0 6 - | 6 5 5 3 1 0 | 3 2 2 7 5 7 | 1 3 5 - | 5 0 7. 6 |
啊

原速 pp

6 5 5 3 1 0 | 3 2 2 7 5 7 | 2 5 7 2 | 4/4 1 - i - | i - i - |
啊 啊

演唱指导：

《索尔维格之歌》出自诗剧《培尔·金特》第四幕。纯洁、温柔、对爱情忠贞不渝的索尔维格在林间茅屋前一边纺纱一边唱出这首优美动人、哀怨而悠长并充满对爱情美好憧憬的抒情歌曲，等待别离多年的培尔·金特归来。

这首歌曲有一定的难度，因此它适合女高音声部中、高级程度演唱。演唱这首寓意深长的歌曲，应加深对诗剧和歌曲内容的理解。同时应对全曲主歌、副歌的不同调性、不同速度、节奏以及不同情感给予细腻处理，方能将主人公的内心复杂情感表现出来。演唱主歌部分速度可稍慢，声音要平稳、连贯，音色柔和。副歌部分随着调性、速度、力度和节奏的改变和情感的变化，声音应富于弹性而欢快、活泼，乐句应流畅，切分音要唱准确。特别是全曲的难点在第37～38小节，第69～70小节，从 a^1 到 a^2 八度跳进时要用弱声（*pp*）唱出"啊"音，必须注意加强呼吸控制。

第三节 中外儿童声乐作品

一、中国儿童声乐作品

（一）《好妈妈》

例 6-16

好妈妈

潘振声 词曲

```
3. 3 3 2 | 1 6 5 0 | 5 6 1 2 | 3 — | 5 3 5 6 6 | 5 3 2 0 |
妈  妈 妈 妈   快 坐 下，  请 喝 一 杯  茶，    让 我 亲 亲  您 吧，

5 3 5 6 6 | 5 3 2 0 | 5 3 3 2 | 1 — | 3. 5 | 2 0 2 0 | 1 0 ‖
让 我 亲 亲  您 吧，   我 的 好 妈，   我  的  好 妈 妈。
```

歌曲简析：

歌曲反映了孩子尊敬长辈、孝敬父母的美好情感，歌词朴素、形象具体；音乐亲切上口，富有动感；词曲结合紧密，易唱易记。

（二）《找朋友》

例 6-17

找朋友

```
1=♭B  2/4

( 1 5 | 6 3 | 2 4 3 2 | 1 2 1 ) | 5 5 5 5 | 5 6 5 | 5 1 7 6 |
                                   找呀找呀  找朋友， 找到一个

5 6 5 | 5 5 3 3 | 5 5 3 | 2 4 3 2 | 1 2 1 | X X 0 | X X 0 ‖
好朋友， 行个礼呀， 握个手， 你是我的  好朋友。 再 见!  再 见!
```

歌曲简析：

这是一首几代人熟悉的儿歌，天真、质朴，充满生活情趣。此歌演唱时加上律动则更形象生动。

（三）《数鸭子》

例 6-18

数鸭子

王嘉祯 词
胡小环 曲

```
1=C  4/4
中速 活泼地

( X X X X X X X X | X X X X X X X X | X X X X X ) | X X X X X 0 |
                                    (白)门 前 大桥下， 游过一群鸭，
```

第六章　教学参考曲目精选

```
X X X X X X X  | X X X X X 0 ‖:(i i 5 5 3 6 5 3 | 2 1 2 3 1 0 |
快来快来数一数，  二四六七八。

3 1 3 3 1 | 3 3 5 6 5 0 | 6 6 6 5 4 4 4 | 2 3 2 1 2 0 |
门前大桥下，  游过一群鸭，  快来快来数一数，  二四六七八。
赶鸭老爷爷，  胡子白花花，  唱呀唱着家乡戏，  还会说笑话。

3 1 0 3 1 0 | 3 3 5 6 6 0 | i 5 5 6 3 | 2 1 2 3 5 - | i 5 5 6 3 |
嘎嘎嘎嘎真呀真多呀，  数不清到底多少鸭，  数不清到底
小孩小孩快快上学校，  别考个鸭蛋抱回家，  别考个鸭蛋

2 1 2 3 1 - :‖ X X X X X | X X X X X - | X X X X X X | X X X X X 0 ‖
多 少 鸭。(白)门前大桥下，  游过一群鸭，  快来快来数一数，  二四六七八。
抱 回 家。
```

歌曲简析：

这是一首"数数歌"类型的游戏歌曲，生动活泼，有趣诙谐，歌曲的开始和结尾处按音乐节奏用快板形式念白，间奏后起唱。

（四）《世上只有妈妈好》

例 6-19

世上只有妈妈好

蔡振南 词曲

1=♭D 4/4

稍慢、深切地

```
( 2.  3 5 6 6 | 3.  2 1 - | 5.  3 2 1 6 1 | 5 - - - ) |

6.  5 3 5 | i 6 5 6 | 3 5 6 5 3 | i 6 5 3 2 - |
世  上只有  妈妈好，  有妈的孩子  像块宝，
世  上只有  妈妈好，  没妈的孩子  像根草。

2.  3 5 6 6 | 3.  2 1 - | 5.  3 2 1 6 1 | 5 - - - ‖
投  进妈妈的  怀 抱，  幸 福享 不  了。
离  开妈妈的  怀 抱，  幸 福哪里  找。
```

歌曲简析：

这是电影《妈妈，再爱我一次》的主题歌，此歌歌词亲切自然，比喻生动，曲调深情质朴，表达了孩子对母亲真挚的爱。

(五)《娃哈哈》

例 6-20

娃哈哈

维吾尔族 民歌
石夫 记谱编词

$1=F$ $\frac{2}{4}$

[乐谱]

歌词：
我们的祖国是花园，花园里花朵真鲜艳，和暖的阳光照耀着我们，
大姐姐你呀赶快来，小弟弟你也莫躲开，手拉着手呀唱起那歌儿，
每个人脸上都笑开颜，娃哈哈！娃哈哈！每个人脸上都笑开颜。
我们的生活多愉快，娃哈哈！娃哈哈！我们的生活多愉快。

歌曲简析：

这是一首维吾尔族民歌，具有鲜明的民族特点，热情欢快，演唱时加上些维吾尔族舞蹈动作效果更佳。

(六)《祖国祖国多美丽》

例 6-21

祖国祖国多美丽

王玉田 词曲

$1=G$ $\frac{2}{4}$

欢快、活泼地

[乐谱]

歌词：
祖国祖国多美丽，党的阳光照大地，我们茁壮成长在您的怀抱里。咪
咪咪咪咪咪咪咪咪咪咪咪咪咪咪咪咪咪，我们茁壮成长在您的怀抱里。

歌曲简析：

这是一首具有新疆民歌风格的歌曲，它歌颂祖国，反映了儿

童成长在祖国怀抱的幸福感和自豪感。全曲节奏明快,充满欢乐情绪,具有较强的舞蹈性。若能在唱第二遍时稍加些新疆舞蹈动作,效果更佳。

(七)《对不起,没关系》

例 6-22

对不起,没关系

王玉田 词曲

1=E 2/4
欢快地

(5 1 1 1 | 5 3 3 3 | 5 5 6 5 1 | 3 0 2 0 | 1 3 5 3 | 1 3 5 3) | 5 1 5 1 | 3 2 1 |
　　　　　　　　　　　　　　　　　　　　　　　　　　　　　　　　　　　　　我和小刚 在一起

3 1 3 | 5 — | 6 6 5 6 | 5 5 3 | 5 3 1 | 2 — | 1 4 4 | 4 5 6 |
做游　戏,　一不小心　我把他　绊倒在　地,　我急忙　扶起他

5 5 6 5 | 3 — | 2 3 5 | 6 3 5 | 3 2 | 1(2 3 4 5 6 7 | i 0 5 | i 0 0)‖
说声:对不　起!　他笑着　对我说:(白)没关　系!

歌曲简析:

这是一首对少儿进行素质教育的歌曲,起、承、转、合的四句体短小精悍,演唱时要注意掌握歌曲的基本情绪,速度不要太快,吐字、咬字要清楚。

(八)《我是一朵小花》

例 6-23

我是一朵小花

张友珊 词

汪玲 曲

1=C 2/4
天真、活泼地

(i i i 5 | 6 6 6 i | 7 6 5 — | 3 5 5 1 | 2 2 2 4 | 3 2 | 1 —)|

5. 6 i i | 3 4 5 | 6 6 6 | 5 — | 5. 6 i i | 3 4 5 | 3 3 1 |
我是一朵　小花,　哟哟哟　哟　我是一朵　小花,　哟哟哟

| 2 - | 3 5 5 | 3 5 0 | 4 6 6 | 4 6 0 | i i i 5 | 6 6 6 i |
哟　　美丽的 小花，　美丽的 小花，　开在祖国 金灿灿的

| 7 6 | 5 - | 3 5 5 1 | 2 2 2 4 | 3 2 | 1 5. 5 | i - | i 0 ||
阳 光 下，　开在祖国 金灿灿的 阳　光　下。哟 哟 哟

歌曲简析：

　　这是一首反映少儿热爱祖国的歌曲，歌曲中每一句歌词都重复一遍，重复时要和第一遍有所不同，要充满自豪感和幸福感。

(九)《小格桑》

例6-24

小格桑

圣野 词
茹银 鹤 曲

1=C 2/4

(5 i i 6 | 5 6 3 | 2. 5 3 2 | 1 1 1 0) 3 3 2 3 | 5 0 5 0 | i i 6 i |
　　　　　　　　　　　　　　　　　　　　　　我叫小格 桑 呀，　爱玩冲锋

6 5 | 1. 1 2 3 | 6 i 5 | 3. 6 5 3 | 2 2 3 0 | i 6 5 | i 6 5 |
枪呀，长大跨上 大红马，保卫祖国 保边疆。亚拉索 亚拉索

i 2 2 i | 6 - | 5. i i 6 | 5 6 3 | 2. 5 3 2 | 1 1 1 0 | i. 5 | i i i 0 ||
索里亚拉索　长大跨上 大红马，保卫祖国 保边疆！哎　嗨 亚拉索！

歌曲简析：

　　这是一首具有藏族风格的儿歌，反映了儿童向往长大后保卫边疆、保卫祖国的美好愿望。演唱时要充满自信，最后一句要唱得干脆有力。

(十)《读书郎》

例 6-25

读书郎

宋扬 词曲

$1=\flat E$ $\frac{2}{4}$

稍快

(6̣ 6̣1 3. 3 | 2 23 6̣ | 2. 35 3 | 56 53 | 23 $\overset{3}{21}$ | 6̣ —) | 6. 1 6̣ 5 |
　　　　　　　　　　　　　　　　　　　　　　　　　　　　　　　　小　嘛小儿
　　　　　　　　　　　　　　　　　　　　　　　　　　　　　　　　小　嘛小儿

6. 1 6̣ | 6̣ 6̣ 1 2 3 | $\overset{3}{21}$ 6̣ | 6. 1 3 | 3 23 5 3 | 6 6 6 6 5 3 |
郎，　　背着那书包　进学堂，　不　怕　太阳　晒也　不怕那风 雨
郎，　　背着那书包　进学堂，　不　是　为做　官也　不是为面 子

2 — | 6 6 6 6 | 65 32 | 2. 35 3 | 56 53 | 23 $\overset{3}{21}$ | 6̣ — |
狂，　只怕那先生　骂我懒哪，没　有　学问啰，无脸见爹 娘。
光，　只为穷人　要翻身哪，不　受人　欺负喂，不做牛和 羊。

6̣ 6̣ 1 3. 3 | 2 23 6̣ | 2. 35 3 | 56 53 | 23 $\overset{3}{21}$ | 6̣ — ‖
丁丁啦切 个　隆冬拉呛，　没　有　学问啰，无脸见爹 娘。
丁丁啦切 个　隆冬拉呛，　不　受人　欺负喂，不做牛和 羊。

歌曲简析：

这是几代人传唱不衰的优秀歌曲，是作者 1944 年在苗族村寨体验生活时为小学生所写。歌曲句幅短小，节奏跳跃，形象生动，富有童趣。

(十一)《小燕子》

例 6-26

小燕子

王路、王云阶 词

王云阶 曲

$1=\flat B$ $\frac{2}{4}$

小行板

(3 21 2 — | 2. 35 5 | 1̇ 23 5 —) | 3 5̂ 16 5 — | 3 5̂ 61 5 — |
　　　　　　　　　　　　　　　　　　　小 燕子，　穿花衣，

i. 32i | 2̂i6̂1̂5 - | 3. 56̂5̂6̂ | i 2̂5̂6 - | 3̂2̂12 - |
年 年 春 天 来 这 里， 我 问 燕 子 你 为 啥 来？ 燕 子 说，

2 2̂3̂5̂5 | i 2̂3̂5 - | 3̂5̂1̂6̂5 | 3̂5̂6̂1̂5 - | i. 3̂2̂i |
这 里 的 春 天 最 美 丽。 小 燕 子， 告 诉 你， 今 年 这 里

2̂i6̂1̂5 - | 3. 5̂6̂5̂6̂ | i 2̂5̂6 - | 3. i 6̂5̂ |
更 美 丽， 我 们 盖 起 了 大 工 厂， 装 上 了

3̂2̂12 - | 2. 3̂5̂ ⁀ | i. 3̂2̂i | 2̂i5̂6̂i - ‖
新 机 器， 欢 迎 你 长 期 住 在 这 里！

歌曲简析：

这是一首具有民族风格的五声音阶儿歌,歌唱性的旋律优美动听,质朴上口。演唱时要用纯净柔和的声音,对家乡的变化充满真挚的感情。

（十二）《卖报歌》

例 6-27

卖报歌

安娥 词
聂耳 曲

1=F 2/4
♩=96

| 5 5 5 | 5 5 5 ∨ | 3̂5̂ 6̂5̂3̂ | 2̂3̂ 5 ∨ | 5̂3̂ 3̂2̂ |
1.啦 啦 啦！ 啦 啦 啦！ 我 是 卖 报 的 小 行 家， 不 等 天 明 去
2.啦 啦 啦！ 啦 啦 啦！ 我 是 卖 报 的 小 行 家， 大 风 大 雨 里
3.啦 啦 啦！ 啦 啦 啦！ 我 是 卖 报 的 小 行 家， 耐 饥 耐 寒 地

| 1 3̂ 2 ∨ | 3̂3̂ 2 | 6̣ 1̂ 2 ∨ | 6 6̂5̂ | 3̂6̂ 5 |
等 派 报， 一 面 走， 一 面 叫， 今 天 的 新 闻
满 街 跑， 走 不 好， 滑 一 跤， 满 身 的 泥 水
满 街 跑， 吃 不 饱， 睡 不 好， 痛 苦 的 生 活

第六章 教学参考曲目精选

（乐谱：）
5 3 2 3 | 5 - ∨ | 5 3 2 3 | 5 3 2 3 | 6 1 2 3 | 1 - ‖ [1.2.3.]

真正好， 七个铜板就买 两份 报。
惹人笑， 饥饿寒冷只有 我知 道。
向谁告， 总有一天光明 会来 到。

歌曲简析：

这首歌曲节奏跳跃，旋律活泼，生动地刻画出一个天真可爱的报童形象。情绪是向上的、乐观的，对明天充满着希望。篇幅虽较短小，但具有巨大的社会意义，在艺术上也达到了相当的高度。

（十三）《歌声与微笑》

例 6-28

歌声与微笑

王健 词
谷建芬 曲

1=F 4/4

(1 1 1 1 | 6. 7 1 - | 1 1 1 1 | 6. 7 1 - | 2. 2 2 1 | 7 - #5 7 | 6 - - -
6 - - -) | 6 6 1 2 | 3 - - 5 | 6 6 1 2 | 3 - - - | 2 2 2 3 | 5 5 - 5 6 |
　　　　　　请把我的 歌　　带回你的家，　　请把你的 微笑 留

3 - - - | 3 - - - | 6 6 1 2 | 3 - - 5 | 6 6 1 2 | 3 - - - | 2 2 2 3 |
下。　　　　　　请把我的 歌　　带回你的家，　　请把你的

5 5 - 5 | 6 - - - | 6 - - - | 1 1 1 1 | 6. 7 1 - | 1 1 1 1 | 6. 7 1 - |
微笑留下。　　　　　明天明天 这歌声， 飞遍海角天 涯，

2. 2 2 2 | 1 - 2 - | 7 - 7 - | 7 - - - | 1 1 1 1 | 6. 7 1 - |
飞 遍海角天　 涯。　　　　　　　　明天明天 这 微笑，

1 1 1 1 | 6. 7 1 - | 2. 2 2 1 | 7 - #5 7 | 6 - - - | 6 - - - ‖
将是遍野春 花， 将 是遍野春　 花！

歌曲简析：

此歌于1987年为首届上海国际电视节而作，后被定为电视节节歌。歌曲亲切、热烈、欢快，表达了真挚的友谊和美好的祝愿。全曲由两部分组成，第一段速度稍快，旋律在中低音区欢快舒展，要用亲切的语气、柔美的声音来唱，第二段歌曲进入了一个情绪高涨、气氛热烈的场面，展示出一幅宾客们欢声笑语、共叙友情的动人场面。

二、外国儿童声乐作品

（一）《粉刷匠》

例 6-29

粉刷匠

[波]贾洁洛夫卡雅 词
列辛斯卡雅 曲
周懋功、杨文竟 译配

$1=D$ $\frac{2}{4}$
温和地

(5 3 5 3 | 5 3 1 | 2 4 3 2 | 1 -) 5 3 5 3 | 5 3 1 | 2 4 3 2 |
　　　　　　　　　　　　　　　　　　　　　　　我是粉刷　小工人，手拿小油

5 - | 5 3 5 3 | 5 3 1 | 2 4 3 2 | 1 - | 2 2 4 4 | 3 1 5 |
桶。　用那美丽的　新油漆，刷好新　房；又刷门来　又刷墙，

2 4 3 2 | 5 - | 5 3 5 3 | 5 3 1 | 2 4 3 2 | 1 - ‖ 1 - ‖
刷子飞舞　忙。　朋友朋友　快来瞧，鼻子变白　了。　了。

歌曲简析：

歌曲旋律朴素简洁，歌词通俗有趣，易唱易记。形象生动，演唱时要把小工人的自豪、神气和爱劳动的性格表现出来。

第六章 教学参考曲目精选

(二)《小星星》

例 6-30

小星星

法国 民歌
[英]史蒂文森 填词
盛茵 译配

$1=\flat E$ 2/4

```
( 1 1 | 5 5 | 6 6 | 5 - | 4 4 | 3 3 | 2 2 | 1 - )|
  1 1 | 5 5 | 6 6 | 5 - | 4 4 | 3 3 | 2 2 | 1 - |
  小 小   星 星   亮 晶   晶，   请 你   对 我   说 说   清。
  太 阳   下 山   夜 来   临，   你 在   天 空   放 光   明。

  5 5 | 4 4 | 3 3 | 2 - | 5 5 | 4 4 | 3 3 | 2 - |
  你 像   宝 石   挂 天   空，   天 高   路 远   怎 能   行。
  为 何   眨 着   小 眼   睛，   整 个   夜 晚   都 不   停。

  1 1 | 5 5 | 6 6 | 5 - | 4 4 | 3 3 | 2 2 | 1 - ‖
  小 小   星 星   亮 晶   晶，   请 你   对 我   说 说   清。
  小 小   星 星   亮 晶   晶，   请 你   对 我   说 说   清。
```

歌曲简析：

这是一首由英国人填词的法国歌曲，结构规整，全曲一字一音，演唱时要天真、单纯、质朴、可爱。

(三)《划船》

例 6-31

划船

西班牙 民歌
张宁 译配

$1=F$ 2/4

```
( 5 3 3 | 4 2 2 | 1 3 5 5 | 1 - ) | 5 3 3 | 4 2 2 | 1 2 3 4 |
                                    轻轻摇，  轻轻摇，  船儿水中
                                    划向前，  划向前，  两岸一片
```

253

| 5 5 5 | 5 3 3 | 4 2 2 | 1 3 5 5 | 1 - | 2 2 2 2 | 2͡ 3 4 |
飘呀飘；轻轻摇，轻轻摇，船儿飘呀飘。 微风吹动 水 面，
静悄悄；划向前，划向前，两岸静悄 悄。 我们快乐的 歌 声，

| 3 3 3 3 | 3͡ 4 5 | 5 3 3 | 4 2 2 | 1 3 5 5 | 1 - ‖
涌起一阵 波 涛， 精神爽， 乐陶陶， 大家齐欢 笑。
引起一群 水 鸟， 欢歌声， 笑语声， 在水面缭 绕。

歌曲简析：

　　这是一首西班牙民歌风格的创作儿歌，起承转合的四个乐句，表现了轻快、活泼的情绪。歌词质朴，节奏明快，在世界各国广泛流传。

（四）《祝你生日快乐》

例 6-32

祝你生日快乐

[美]米尔彻丽特，帕丽·希尔 词曲

1=F 3/4

(5 5 5 3 | 1 7 6 | 0 0 4 4 | 3 1 2 | 1 - 0)

| 5 5 6 5 | 1 7 - | 5 5 6 5 | 2 1 - | 5 5 5 3 |
祝你生日 快 乐， 祝你生日 快 乐， 祝你生日

| 1 7 6 | 0 0 4 4 | 1. 3 1 3 | 2 0 0 : ‖ 2. 3 1 2 | 1 - 0 ‖
快 乐， 祝你生日快乐。 生日快乐。

歌曲简析：

　　这是一首流传于世界各国的著名歌曲，音乐亲切朴素。全曲只有一句歌词，随着旋律层层推进，词曲结合自然，是成人和儿童都喜欢的歌曲。

第六章　教学参考曲目精选

（五）《小鸟飞来了》

例 6-33

小鸟飞来了

德国 民歌
法勒斯莱本 词
欣友 译配

1=D 4/4

(1. 35 1 | 6 1 6 5 - | 4. 5 3 1 | 2 - 1 -) ‖: 1. 3 5 1 | 6 1 6 5 - |
小鸟小鸟　飞来了，
鸟儿随着　春天到，
小鸟为我　们祝福，

4. 5 3 1 | 2 - 1 0 | 5 5 4 4 | 3 5 3 2 - | 5 5 4 4 | 3 5 3 2 - |
歌声响彻云霄，　悠扬婉转多动听，　唧唧喳喳真热闹，
多自由多逍遥，　云雀、百灵齐飞舞，　夜莺、画眉同欢跃，
我们多么欢畅，　大家都像鸟儿一样，　喜气洋洋把歌唱，

1. 3 5 1 | 6 1 6 5 - | 4. 5 3 1 | 2 - 1 0 :‖ (5 4 2 7 | 5 4 2 7 5) ‖
鸟儿来到春来到，　快乐歌声缭绕。
祝福我们新年好，　送走一切烦恼。
在山谷、在大地上，歌声到处飞扬。

歌曲简析：

这是一首流传广泛的德国古老民歌，歌曲旋律优美、愉快，要用柔和、流畅的声音演唱。

（六）《新年好》

例 6-34

新年好

英国 歌曲
杨世明 译配

1=♭E 3/4

(2 3 4 4 | 3 2 3 1 | 1 3 2 5 | 7 2 1 -) | 1 1 1 5 | 3 3 3 1 |
新年好　呀，　新年好　呀，

1 3 5 5 | 4 3 2 - | 2 3 4 4 | 3 2 3 1 | 1 3 2 5 | 7 2 1 - ‖
祝贺大家　新年好。　我们唱歌，　我们跳舞，　祝贺大家　新年好。

· 255 ·

歌曲简析：

这是世界各国家喻户晓的一首儿歌，词曲简洁，易唱易记，表现了世界各国的少年儿童载歌载舞过新年的欢快心情。

(七)《当我们同在一起》

例 6-35

当我们同在一起

德国 儿歌
欣友 译配

1=F 3/4

(5. 654|311|25 5|1 -|13|5. 654|311|25 5|
　　　　　　　　　　　　　　　　当 我 们同在 一起，在 一起，在

31 13|5. 654|311|25 5|101|25 5|311|
一起，当 我 们同在 一起，大 家多欢 喜。你的 朋友在 这里，我的

25 5|311 13|5. 654|311|25 5|1 - -‖
朋友也在 这里，当 我 们同在 一起，大 家多欢 喜。

歌曲简析：

这是流传很广的一首德国儿歌。音乐节奏欢快，旋律流畅，演唱时要注意重音记号。

(八)《幸福拍手歌》

例 6-36

幸福拍手歌

美国 民歌

1=G 4/4

(5 5‖: 3. 3 3 3 3 2. 3|4 3. 2 1 7. 1|2 2. 1 7. 6. 7|1 3 1) 5. 5|

1. 如 果
2. 如 果
3. 如 果
4. 如 果
5. 如 果
6. 如 果

第六章 教学参考曲目精选

```
1. 1 1. 1 1. 1 7. 1 | 2  X  X   5. 5 | 2. 2 2. 2 2. 2 1. 2 | 3  X  X   5. 5 |
```
感到幸福你就拍拍手,(拍手)　　如果 感到幸福你就拍拍手,(拍手)　　如果
感到幸福你就跺跺脚,(跺脚)　　如果 感到幸福你就跺跺脚,(跺脚)　　如果
感到幸福你就伸伸腰,(伸懒腰)　　如果 感到幸福你就伸伸腰,(伸懒腰)　　如果
感到幸福你就挤个眼儿,(挤眼儿)如果 感到幸福你就挤个眼儿,(挤眼儿)如果
感到幸福你就拍拍肩,(拍肩膀)　　如果 感到幸福你就拍拍肩,(拍肩膀)　　如果
感到幸福你就拍拍手,(拍手)　　如果 感到幸福你就拍拍手,(拍手)　　如果

```
3. 3 3. 3 3 2. 3 | 4  3. 2 1 7. 1 | 2 2. 1 7. 5 6. 7 | 1  X  X (5. 5:||
```
感到幸福就 快 快 拍拍手　哟,看 哪,大家 都一齐拍 拍 手。(拍手)
感到幸福就 快 快 跺跺脚　哟,看 哪,大家 都一齐跺 跺 脚。(跺脚)
感到幸福就 快 快 伸伸腰　哟,看 哪,大家 都一齐伸 伸 腰。(伸懒腰)
感到幸福就 快 快 挤个眼儿哟,看 哪,大家 都一齐挤 挤 眼儿。(挤眼儿)
感到幸福就 快 快 拍拍肩　哟,看 哪,大家 都一齐拍 拍 肩。(拍肩膀)
感到幸福就 快 快 拍拍手　哟,看 哪,大家 都一齐拍 拍 手。(拍手)

歌曲简析:

这是一首充满生活气息和富有童趣的歌曲,原是美国传统民歌,后在世界各地流传,深受孩子们的喜爱。歌曲最大特点是每小节都有附点,使旋律产生一种推动力。若能结合歌词配些动作,则更加生动有趣。

(九)《洋娃娃和小熊跳舞》

例 6-37

洋娃娃和小熊跳舞

波兰 民歌
卡楚尔宾 娜词
李嘉川 译配

1=E 2/4

```
(6 6 6 5 4 | 5 5 5 4 3 | 4 4 4 3 2 | 1 3 5 | 6 6 6 5 4 | 5 5 5 4 3 | 4 4 4 3 2 | 1 3 1 0 )

 1 2 3 4 | 5 5 5 4 3 | 4 4 4 3 2 | 1 3 5 0 | 1 2 3 4 | 5 5 5 4 3 | 4 4 4 3 2 | 1 3 1 0
```
洋娃娃和 小熊跳舞,跳呀跳 呀 一二一, 他们在跳 圆圈舞呀,跳呀跳 呀 一二一。

```
 6 6 6 5 4 | 5 5 5 4 3 | 4 4 4 3 2 | 1 3 5 0 | 6 6 6 5 4 | 5 5 5 4 3 | 4 4 4 3 2 | 1 3 1 0 ||
```
小熊小 熊 点点头呀,点点头呀 一二一, 小洋娃娃 笑起来啦,笑起来 啦 哈哈哈。

· 257 ·

歌曲简析：

这是一首活泼可爱的波兰幼儿歌曲,歌词采用拟人化,富有情趣。音乐欢快、跳跃,舞蹈韵律十足,曲调发展采用级进和跳进相结合的手法,演唱时要有弹性。

(十)《牧童》

例 6-38

牧童

捷克 民歌
维莫兴 改编
毛宇宽 译配

$1=C$ $\frac{2}{4}$

活跃地 mf

(1 3 2 | 1 7 | 6 6 5 | 4 3 | 2 2 3 | 5 5 4 | 3 2 | 1 -)‖

1 1 2 | 3 5 4 | 3 2 | 1 1 0 | 5 5 6 | 7 2 1 | 7 6 | 5 5 0 |
朝霞里 牧童在吹小 笛,   露珠儿 撒满了 青草 地。
我解开 自己的小黄 牛,   把清水 给羊儿 喝个 足。

1 3 2 | 1 7 | 6 6 5 | 4 3 | 2 2 3 | 5 5 4 | 3 2 | 1 1 0 ‖
我跟着朝霞 一块儿起来, 赶着那 小牛儿 上牧 场。
赶出了牲口 坐在小河边, 我给你 唱一支 快乐 歌。

1 1 2 | 3 5 4 | 3 2 | 1 1 0 | 5 5 6 | 7 2 1 | 7 6 | 5 0 0 |
中午的 太阳啊烤得 慌,   你为我 把歌儿 唱一 唱,

1 3 2 | 1 7 | 6 6 5 | 4 3 | 2 2 3 | 5 5 4 | 3 5 | 1 0 ‖
明朗的晚上 我们来相会, 并排儿 坐在那 篱笆 旁。

歌曲简析：

这是一首三段词的分节歌,歌曲音乐活泼,节奏明快。歌曲中多次出现切分节奏,要加强练习。演唱时把第一段唱得稍快,第二段速度稍慢,第三段再回原速,前后形成对比。

第六章 教学参考曲目精选

(十一)《剪羊毛》

例 6-39

剪羊毛

澳大利亚 民歌
杨忠信 译配

1=C 2/4
愉快、活泼地

(3 3.2 | 1135 | 1̇ 1.7 | 6 - | 2̇.1̇76 | 5432 | 1 1̇.1̇ | 1̇ 0)

3 3.2 | 1135 | 1̇ 1.7 | 6 0 | 5 5.6 | 5 3.1 |
河那边 草原呈现 白色一 片, 好像是 白云从
绵羊你 别发抖呀 你别害 怕, 不要担 心你的

2 2.3 | 2 0 | 3 3.2 | 1135 | 1̇ 1.7 | 6 0 |
天空飘 临! 你看那 周围雪堆 像冬 天,
旧皮 袄! 炎热的 夏天你 用不到 它,

(副歌)

2̇.1̇76 | 5432 | 1 1̇.7 | 1̇ 0 | 2̇ 2̇.1̇ | 7 2̇ |
这是我们在剪羊 毛,剪羊毛。} 洁白的羊毛
秋天你又 穿上新皮 袄,新皮袄。}

1̇ 3 | 1̇ 0 | 6 6̇7 | 1̇ 7̇6 | 5 1̇ | 5 0 | 3 3 3 2 |
像丝 棉, 锋利的 剪子 咔嚓 响! 只要我们

1135 | 1̇ 1.7 | 6 0 | 2̇.1̇76 | 5432 | 1 1̇.7 | 1̇ 0 ‖
大家努力 来劳 动, 幸福生活 一定来 到,来 到!

歌曲解析:

这是首澳大利亚民歌,它反映的是剪羊毛的工人劳动生活的情景。歌曲是带再现的二部曲式,旋律流畅自然,内含劳动的节奏,充满生气。第一乐段描述剪羊毛工序和工人们的生活状况,要唱得轻松活泼,反映出工人开朗乐观的性格。第二乐段渲染了

热烈的劳动场面,情绪更为活跃。最后一句要唱得干净利落,富有情趣。整个作品演唱时要轻快、有弹性,使生活充满气息。

三、童声合唱作品《春雨沙沙》

(一)创作背景及风格分析

《春雨沙沙》为《素描三首》的第一首,由曾泉星作词,戴于吾作曲。这首小品作品通过对"春雨沙沙"情景的着力渲染,生动表现出少年壮志、朝气蓬勃的艺术形象。

(二)曲式结构分析

全曲为有引子和尾声的单二部曲式结构,带有变徵音的中国传统音阶 f 羽调式。3/8 拍。具体结构如下:

引子	A	B	尾声
1—18	19—34	35—53	54—76

f 羽(含变徵音)

(三)作品本体分析

1. 引子

钢琴伴奏以属和弦琶音作为前奏,合唱的引子(第 1~18 小节)从弱拍开始,运用"沙沙"的谐音,并结合三拍子节奏重音的特点,形象地表现出春雨朦胧的田野风光。

2. A 段

A 段(第 19~34 小节),主旋律由第二声部担任,旋律动机来源于广东客家山歌《落水天》,曲作者巧妙地改变了《落水天》主题动机的节拍,并加入附点节奏,让情绪一下子明朗起来。

3. B 段

B 段(第 35～53 小节)为第一、二声部组成的复调乐段,旋律采用湖南民歌的音调。旋律线条起伏明显加大,融入了湖南民歌的音调。四个降号一下子还原了两个,浓厚的地域色彩随即显露出来。上声部首先陈述,下声部则以完全相同的节奏在下方四度和五度进行复调式的模仿。第 50～53 小节既是 B 段的结束句,也是尾声的连接句,必须表现出音乐的连贯和情绪的对比,以推出尾声的高潮。

4. 尾声

尾声(第 54～76 小节)主题动机在下属调再现,音乐进入真正的高潮。高、低声部只相差一个小节,以相同的节奏在不同的音区紧凑地模仿。这时歌曲的主题"春雨沙沙"成为了歌词的全部,反复点题,令人印象深刻。

(四)作品的艺术处理

1. 引子

歌曲从宁静中开始,整个过程中Ⅱ、Ⅲ声部在中低音区的补充,与上方声部之间形成自然的呼应,引出隐约的音乐主题,像是目睹雨滴由天空轻轻地飘然而落。指挥可以用双手将两个声部的旋律与节奏同时准确演示出来,更直观、易懂地引导孩子们发现音乐进行中的特点。

2. A 段

主旋律由第二声部担任,带有广东民歌特点。咬字要清晰,色调应明朗,指挥应提醒伴唱声部的"沙沙"音量要适当控制,音色朦胧、柔和一些,各声部层次要清楚。

3. B 段

第二声部是旋律声部的模仿声部,力度应稍弱于第一声部,但每句的第 1、3 小节要唱清楚,第 4、5 小节弱一些,让另一声部的乐句能从容进入,反复时加入领唱的华彩乐句"啊",似伴随着喜人的春雨愉快歌唱。

三个声部三个层次,各声部的任务转换要明确。领唱的音色应飘逸秀丽,并做幅度较大的渐强渐弱,以增加音乐的幻想色彩。

4. 尾声

尾声主要是第一、二声部和第三声部的轮唱,第一、二声部以柱式和弦构成丰满的和声效果,第三声部以低八度的旋律与上方声部轮唱呼应,全曲在充满迷幻色彩的和声连接中逐渐转弱,回到宁静中结束。

(五)指挥要点

例 6-40

春雨沙沙

曾泉星 词
戴于吾 曲

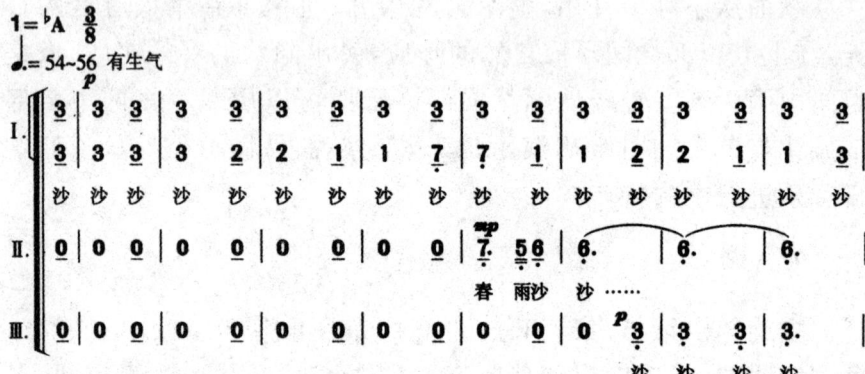

第六章 教学参考曲目精选

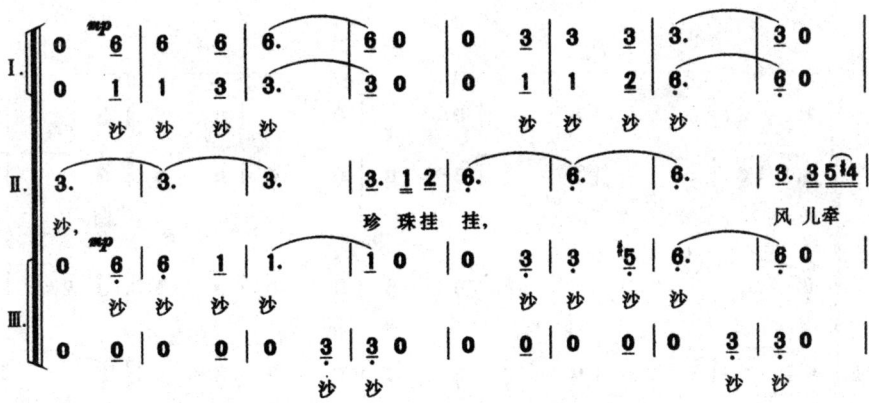

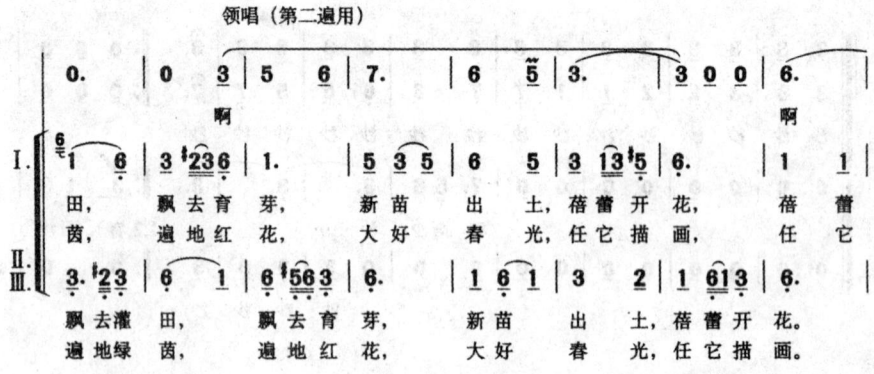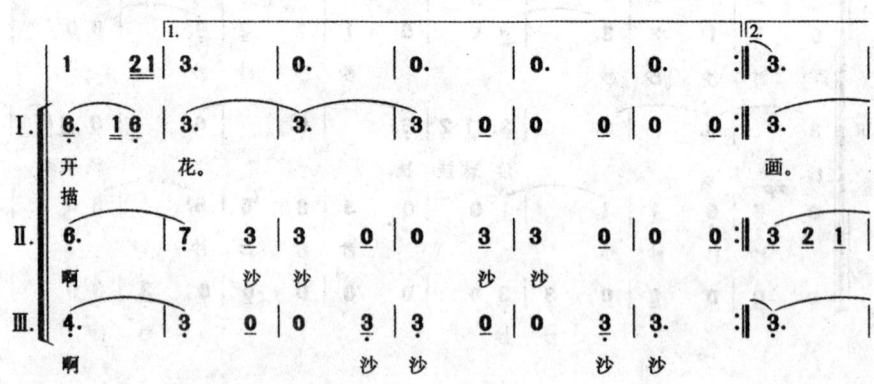

第六章 教学参考曲目精选

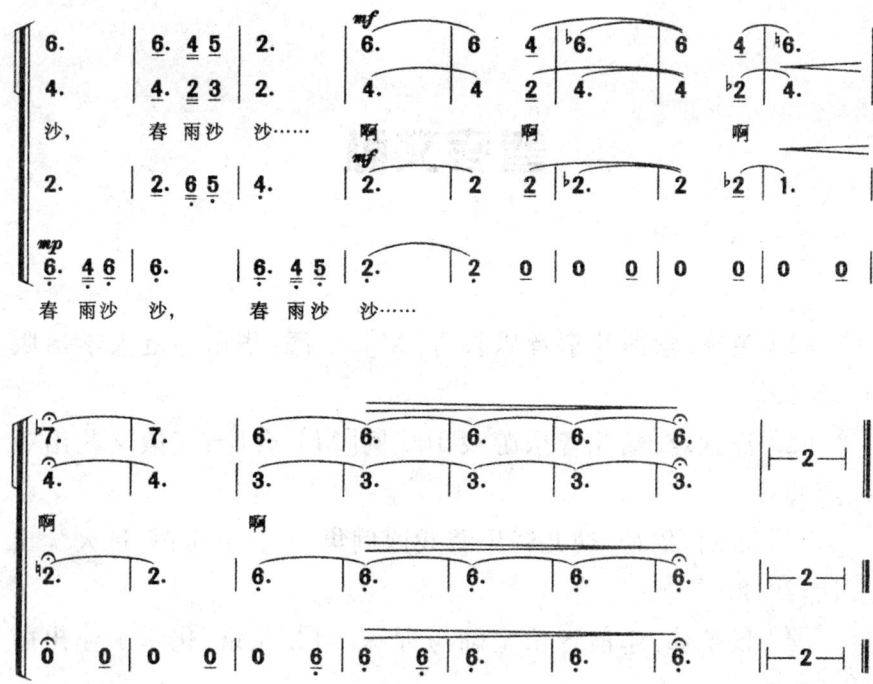

要领：

（1）整体上指挥动作应轻柔而富于动感，以手和腕部打合拍为主，点、线清楚地一小节打一拍，要注意的是有时为控制速度的准确和协调声部间的节奏一致，也需要以打分拍来提示。

（2）A段的指挥动作应突出第二声部的旋律线条，并注意调控伴唱声部的音量。

（3）B段的指挥手势要分清各声部的层次，提示各声部的旋律走向。

（4）尾声部分应提示各声部旋律的连贯性以及保证和声的平衡与饱满，第70小节以后逐渐收缩动作的幅度，提示合唱力度的减弱。

（5）合唱收声以后，收拍动作平静而富有弹性地指挥两小节尾奏，在宁静的弱声中结束全曲。

参考文献

[1] 黄瑾.学前儿童音乐教育[M].上海:华东师范大学出版社,2009.

[2] 汪秋萍.幼儿音乐游戏100例[M].合肥:安徽文艺出版社,2007.

[3] 董丽,周蓓.幼儿音乐游戏课例集[M].上海:复旦大学出版社,2012.

[4] 侯德炜.学前音乐基础与训练[M].北京:化学工业出版社,2014.

[5] 马成,王炳文.幼儿歌曲创编[M].上海:复旦大学出版社,2010.

[6] 李倩.幼儿歌曲弹唱教程[M].北京:高等教育出版社,2009.

[7] 徐春艳.学前儿童音乐教育[M].上海:复旦大学出版社,2012.

[8] 庄素霞.歌曲简易伴奏教程[M].厦门.厦门大学出版社,2008.

[9] 许卓娅.学前儿童音乐教育[M].北京:中央广播电视大学出版社,2008.

[10] 王秀萍,王小波.集体舞与音乐游戏教育活动[M].苏州:苏州大学出版社,2015.

[11] 耿同梅,李琴.儿歌弹唱[M].武汉:武汉理工大学出版社,2012.

[12] 陈华.实用幼儿园歌曲教学伴奏曲选[M].大连:大连理工大学出版社,2012.

[13] 任达敏.基本乐理[M].北京:人民音乐出版社,2006.

[14] 李嘉评,卢青生.少儿歌舞游戏新编[M].重庆.西南师范大学出版社,2000.

[15] 梁周全,尚玉芳.幼儿游戏与指导[M].北京:北京师范大学出版社,2011.

[16] 郑少文.幼儿教师音乐素养[M].上海:复旦大学出版社,2015.

[17] 张勇.儿歌弹唱[M].武汉:华中师范大学出版社,2013.

[18] 刘升智.儿童歌曲创编入门教程[M].上海:复旦大学出版社,2011.

[19] 孙霞.幼儿园音乐游戏资源开发[M].成都:四川大学出版社,2014.

[20] 李晓娟,龚亚楠.儿歌配奏与弹唱[M].成都:西南财经大学出版社,2014.

[21] 王新乐.儿歌弹唱教程[M].上海:复旦大学出版社,2015.

[22] 曹冰洁.音乐活动这样做[M].上海:华东师范大学出版社,2014.

[23] 马成.幼儿歌曲边弹边唱[M].北京:中国劳动社会保障出版社,2014.

[24] 尹爱青,曹理,缪力.外国儿童音乐教育[M].上海:上海教育出版社,2010.

[25] 张国琴.声乐教育比较教程[M].北京:中国书籍出版社,2012.

[26] 王秀萍.学前儿童经验音乐教育[M].合肥:安徽文艺出版社,2009.

[27] 王懿颖.学前儿童音乐教育[M].北京:北京师范大学出版社,2010.

[28] 郭亦勤.学前儿童艺术教育活动指导[M].上海:复旦大学出版社,2009.

[29] 王懿颖.学前儿童音乐教育的理论与实践[M].北京:北京师范大学出版社,2004.

[30] 陈淑琴.幼儿游戏化音乐教育[M].上海:上海社会科学院出版社,2011.

[31] 方少萌.奥尔夫音乐教学法实用教程[M].上海:复旦大学出版社,2014.

[32] 李桂英,许晓春.学前儿童艺术教育[M].北京:北京高等教育出版社,2011.

[33] 夏志刚.幼儿师范钢琴即兴伴奏教程[M].长沙:湖南文艺出版社,2009.

[34] 杨立梅.幼儿音乐能力培养的策略与方法[M].北京:教育科学出版社,2012.

[35] 洪宇,杨静,马琳.声乐(2)[M].苏州:苏州大学出版社,2014.